Comunicação,
Gênero e Saúde

Anna Flávia
Feldmann

Comunicação,
Gênero e Saúde
Uma Análise das Campanhas do
Câncer de Mama no Brasil

SÃO PAULO
SALTA – 2015

© 2014 by Editora Atlas S.A.

O selo SALTA pertence à Editora Atlas.

Capa: Leonardo Hermano
Composição: Luciano Bernardino de Assis

Dados Internacionais de Catalogação na Publicação (CIP)
(Câmara Brasileira do Livro, SP, Brasil)

Feldmann, Anna Flávia
Comunicação, gênero e saúde / Anna Flávia Feldmann.
-- São Paulo : Atlas, 2015.

Bibliografia
ISBN 978-85-224-9434-7
ISBN 978-85-224-9432-3 (PDF)
ISBN 978-85-224-9433-0 (ePUB)

1. Comunicação 2. Câncer de mama
3. Semiótica 4. Saúde pública I. Título.

14-10609
CDD-302.2

Índice para catálogo sistemático:

1. Comunicação : Aspectos sociais   302.2

TODOS OS DIREITOS RESERVADOS – É proibida a reprodução total ou parcial, de qualquer forma ou por qualquer meio. A violação dos direitos de autor (Lei nº 9.610/98) é crime estabelecido pelo artigo 184 do Código Penal.

Depósito legal na Biblioteca Nacional conforme Lei nº 10.994, de 14 de dezembro de 2004.

Impresso no Brasil/*Printed in Brazil*

S
SALTA

Editora Atlas S.A.
Rua Conselheiro Nébias, 1384
Campos Elísios
01203 904 São Paulo SP
011 3357 9144
atlas.com.br

SUMÁRIO

Prefácio   vii

Introdução   ix

1 **Gênero no universo midiático**   1

   1.1   Mulheres e comunicação de massa   1

   1.2   Meios de comunicação e equidade de gênero no Brasil   12

   1.3   Indústria cultural, mulheres e saúde   18

2 **Câncer de mama no Brasil**   29

   2.1   Contextualização do câncer de mama   29

   2.2   Mastectomia e a linguagem do câncer   32

   2.3   Feminilidade, simbologia e a perda do seio   37

   2.4   Políticas e direitos sobre o câncer de mama   43

3 **A Campanha do IBCC**   53

   3.1   Breve análise da comunicação da campanha   53

   3.2   Linguagem do câncer de mama   60

3.3　O Câncer de Mama no Alvo da Moda　62

   3.3.1　*Slogan*　67

   3.3.2　Cores　68

   3.3.3　Forma e *design*　69

   3.3.4　Tríade comunicativa da marca　70

   3.3.5　Considerações sobre a campanha　71

4　Comunicação Pública, Saúde e o INCA　75

4.1　As primeiras iniciativas do governo sobre cânceres femininos　75

   4.1.1　Primeiros folhetos de comunicação do INCA　78

4.2　Viva Mulher – Programa Nacional de Controle do Câncer do Colo de Útero e de Mama　85

   4.2.1　Televisão　86

   4.2.2　Rádio　89

   4.2.3　Cartazes e folhetos　94

   4.2.4　*Outdoors* e intervenções urbanas　96

   4.2.5　Propagandas de Apoio　97

   4.2.6　Resultados da campanha　98

4.3　Incorporação do câncer de mama no Programa Viva Mulher　100

4.4　Algumas conclusões　113

Referências　117

PREFÁCIO

Anna Feldmann perpassa distintas áreas de conhecimento ao abordar o tema foco de seu trabalho *Comunicação, gênero e saúde: uma análise das campanhas do câncer de mama no Brasil*.

E, por cada área que passa, estrutura e organiza as informações, o pensamento, e já deixa uma ponta a ser retomada na conclusão de sua avaliação crítica sobre a comunicação pública voltada à saúde da mulher.

Assim, começamos pelo gênero no universo midiático, abordando a imagem das mulheres nos meios de comunicação de massa, seu impacto e consequências na cultura, na ação comunicacional e nas políticas governamentais de prevenção às doenças.

Os principais autores e teóricos dão a sua contribuição para a compreensão crítica da situação e tudo flui numa linguagem ao mesmo tempo precisa e de agradável leitura.

Em seguida, Anna Feldmann expõe a situação referente ao câncer de mama no Brasil, refletindo sobre os estudos de comunicação e a linguagem do câncer de mama, sua apropriação como alvo da moda, a comparação entre as campanhas de governo – nada escapa ao seu olhar e análise.

A discussão passa também necessariamente pela feminilidade. O significado, a perda, o luto, a sensação de artificialidade e agressão ao corpo humano são trazidos à luz.

A contraposição deste jogo de armar nos faz realmente pensar não só na doença e no sofrimento que ela acarreta, mas também na incorporação da imagem idealizada do corpo da mulher – e dos valores em que vem envolvida – que introjetamos desde cedo e que potencializam o sofrimento diante da perda do seio e do distanciamento da imagem ideal.

Campanhas de prevenção têm que ser feitas de forma intensiva e desmistificadora, sem, contudo, banalizar ou glamourizar a situação.

Na sociedade contemporânea, começam a surgir manifestações que sinalizam um movimento social no sentido de naturalizar a questão, para, assim, ousar olhá-la de frente, preveni-la e sobreviver a ela, com qualidade. É justamente do que precisamos, como nos mostra Anna Feldmann, neste seu trabalho de leitura imprescindível.

Rachel Moreno

INTRODUÇÃO

Embora apareçam frequentemente nos veículos de comunicação, as divulgações sobre saúde da mulher são matérias que, em grande parte, direcionam-se ao consumo de cosméticos, tratamentos diversificados e terapias milagrosas. A abordagem sobre saúde feminina, quando não é superficial, é mínima se comparada a outras tantas relacionadas a vendas.

Pode-se considerar que, sobre o aparecimento do câncer de mama na mídia, as campanhas se caracterizam como pioneiras, cujos resultados tendem a desmistificar e desconstruir a imagem estigmatizada que antigamente conceituava a mulher como simples reprodutora, lembrando que há poucos anos as necessidades de consultas médicas femininas aconteciam somente em casos ligados à gestação e reprodução.

Este livro surgiu a partir da ideia de analisar as primeiras iniciativas de comunicação sobre o câncer de mama e checar suas ocorrências nas diferentes mídias existentes. Para isso a opção foi levantar quais são os discursos adotados pela sociedade de massa e relacioná-los aos estudos de gênero e saúde pública feminina.

O objetivo principal se constituiu em investigar qual é contribuição das ações comunicativas às perspectivas de melhoria da condição social da mulher.

Será que as peças, produtos e textos desenvolvidos mobilizam a sociedade para o assunto? Os efeitos das campanhas atingem a sociedade como um todo e influenciam na erradicação e prevenção da doença? E quais os benefícios alcançados decorrentes desse acesso à informação?

Para traçar esse caminho foram escolhidos os dois maiores órgãos relacionados ao tema e, consequentemente, suas campanhas nacionais sobre o câncer. Em primeiro lugar, foram realizadas análises das iniciativas governamentais do Instituto Nacional de Controle do Câncer (INCA) e, em segundo, investigações referentes às práticas comunicacionais da campanha do Instituto Brasileiro de Controle do Câncer (IBCC).

A consulta foi realizada em livros, revistas e artigos em geral, no Brasil e no exterior, sobre comunicação e saúde feminina. Além de inúmeras entrevistas e acesso às fontes de informação em *sites* de interesse, tais como Ministério da Saúde do Brasil, DATASUS, IBCC, INCA, entre outros.

O texto aborda, de maneira geral, os assuntos significativos das conquistas femininas, seus tabus e preconceitos enraizados na história da civilização e cujas premissas foram originárias do papel da mulher na sociedade. A partir da conceituação estética, é estabelecida uma relação sobre a saúde feminina e a imagem da mulher na mídia.

Todos esses tópicos juntos estão vinculados à análise da campanha *O câncer de mama no alvo da moda*, do IBCC, e às iniciativas governamentais de comunicação sobre cânceres femininos, como o Programa Viva Mulher, do INCA.

O livro traz referências sobre a saúde feminina, a imagem da mulher na mídia e a estratégia de consumo direcionada a esse público-alvo. A intenção é abordar de maneira exploratória o contexto do câncer de mama no Brasil, além das questões relacionadas à feminilidade.

Esta pesquisa é fruto de anos de estudos e debates no campo acadêmico, profissional e pessoal. Muitos foram os que colaboraram nesta jornada. Agradeço especialmente aos meus incentivadores e conselheiros de sempre – Marina e Paulo –, aos meus novos laços de impulso – Thalles e Gabriel – e aos orientadores e entusiastas – Luciano Maluly, Leandro Batista e Clotilde Perez.

GÊNERO NO UNIVERSO MIDIÁTICO

1.1 Mulheres e comunicação de massa

A relação entre o universo feminino e o masculino iniciou sua diferença nas manifestações decisivas no modo de conceber o poder. Nesses séculos de civilização, ocorreu em certa medida o desenvolvimento social, a decisão, finalização e o recomeço de conflitos militares e a circulação de informações, que fortaleceram a escalada das grandes descobertas. Porém, a equidade entre os gêneros está ainda em processo constitutivo.

É pelo exercício do trabalho que a mulher vem diminuindo a distância que a separava da igualdade com o homem. A independência concreta do universo feminino esteve ininterruptamente ligada às grandes lutas por igualdade de direitos e, principalmente, às conquistas do século XX, que foram a grande força de propulsão para o reconhecimento da mulher no campo profissional, familiar e na sociedade de um modo geral. Assim, para entender as representações femininas faz-se necessário priorizar a exposição crítica de alguns fatos ligados à sua trajetória histórica.

A partir de uma leitura social do contexto das questões de gênero, pode-se concluir a incorporação de uma atribuição mercadológica, instituída e afirmada constantemente com relação ao produto corpo feminino na "indústria cultural", termo empregado pela primeira vez no livro *Dialektik der Aufklärung* (*Dialética do Iluminismo*), escrito por Adorno e Horkheimer, pesquisadores da Escola de Frankfurt, em 1947.

Durante a Revolução Industrial no século XVIII, delineava-se previamente o conceito de Sociedade de Massa, uma migração[1] da força de trabalho rural europeia em direção às cidades que se encontravam sob dominante processo de industrialização. O desenvolvimento das técnicas no contexto histórico-sociológico corroborou a segmentação da escala de produção industrial, iniciando assim o processo de conversão da cultura em mercadoria.

> "O entretenimento e os elementos da indústria cultural já existiam muito tempo antes dela. [...] A indústria cultural pode se ufanar de ter levado a cabo com energia e de ter erigido em princípio a transferência muitas vezes desajeitada da arte para a esfera do consumo, de ter despido a diversão de suas ingenuidades inoportunas e de ter aperfeiçoado o feitio das mercadorias." (ADORNO; HORKHEIMER. *Dialética do esclarecimento*, p. 126)

Conforme colocado neste ensaio, o consumidor migra da categoria de "sujeito" para a de "objeto" e, além da segmentação do trabalho, a "indústria cultural" partilha com setores empresariais a tendência à maximização do consumo, ou seja, oferece o maior número de atrativos, mas com uma linguagem acessível a uma grande gama de consumidores em um processo de constante sincretismo e homogeneização.

Outra característica ressaltada na indústria cultural é a estratificação dos públicos, cujas novas delimitações abrangem as diferentes faixas etárias e gênero dos indivíduos, como, por exemplo, as categorias infantil, infanto-juvenil, juvenil, feminina, estudantil, entre outras.

No final do século XIX e início do XX, a América Latina passou por movimentos de modernização, tais como a imigração, expansão do capitalismo, difusão em massa da escola, transportes, imprensa, telecomunicações, industrialização, cujas consequências não foram democráticas a todas as sociedades estabelecidas. Nesse ínterim, a implantação da indústria cultural no continente também corroborou a prática do sistema dos meios.

---

[1] Tais migrantes passaram a criar uma arte própria chamada popular e, ao mesmo tempo, passaram a consumir em grande escala os produtos industriais considerados inferiores às criações da cultura e da arte de elite. Esse processo foi denominado como cultura e arte de massa e, para se referir aos meios tecnológicos capazes de transmitir a mesma informação para um vasto público, cunhou-se a expressão *comunicação de massa*.

No Brasil, a consolidação da sociedade de massa aconteceu durante o período urbano-industrial, particularmente após a Segunda Guerra Mundial, em diferentes setores, acompanhada pelos fenômenos da urbanização e da transformação do sistema de estratificação social com a expansão das classes operárias e das classes médias, entre outros fatores. Dentro desse contexto foram redefinidos antigos meios, como o cinema, a imprensa, o rádio, e direcionados às tendências, como a televisão e o marketing.

Pensando na exposição midiática do público feminino, pode-se afirmar que os "meios" encontraram um mercado de investimento significativo e de capital altamente rentável, compondo assim basicamente dois grandes apelos vinculados à problemática do corpo feminino. Primeiro, a caracterização fetichista e mercadológica na qual a mulher se torna apenas uma imagem cuja finalidade é a apreensão e apreciação do público masculino; segundo, um círculo vicioso do consumo de produtos e serviços na incansável e interminável busca do corpo ideal ditado pelos padrões de beleza contemporâneos, no qual as formas são estereotipadas e a juventude é glorificada.

> "A cultura de massa 'acultura' as novas gerações à sociedade moderna. Reciprocamente, a juventude experimenta de modo mais intenso o apelo da modernidade e orienta a cultura de massa nesse sentido. [...] Assim a cultura de massa desagrega os valores gerontocráticos, acentua a desvalorização da velhice, da forma à promoção dos valores juvenis, assimila uma parte das experiências adolescentes. [...] Sociologicamente, ela contribui para o rejuvenescimento da sociedade." (MORIN, 2007, p. 157)

Estudar as imagens e narrativas oferecidas pela indústria cultural fortalece a proposta de operar sobre as cenas imaginárias do feminino, considerando a mídia mais como uma fonte ativa de reprodução e renovação dos valores. Sendo assim, a narrativa da representação social da mulher nos meios de comunicação permanece intrinsecamente ligada ao seu contexto histórico-sociológico.

A mulher enfrenta tabus, preconceitos e ocupa um papel de desvalorização na sociedade há muito tempo. Beauvoir, em seu livro célebre *O segundo sexo*, composto em dois volumes – *Fatos e mitos* e *A experiência vivida* –, analisa, entre outros pensadores, Friedrich Engels[2] e sua obra *A origem da família, da propriedade privada e do Estado.*

A autora pondera sobre a afirmação de que a história feminina depende essencialmente da história das técnicas. Considera que na Idade da Pedra, quando a terra era comum a todos, as possibilidades agrícolas eram universalmente limitadas. As forças femininas estavam focadas no trabalho doméstico, visto essencialmente como produtivo, com a fabricação de vasilhames, tecelagem, jardinagem, desempenhando um papel importante na vida econômica e ocasionando duas classes distintas, porém com igualdade entre elas.

> "Com a descoberta do cobre, do estanho, do bronze e do ferro, com o aparecimento da charrua, a agricultura estende seus domínios. Um trabalho intensivo é usado para desbravar florestas, tornar os campos produtivos. O homem recorre, então, ao serviço de outros homens que reduz à escravidão. A propriedade privada aparece: senhor dos escravos e da terra, o homem torna-se também proprietário da mulher. Nisso consiste 'a grande derrota histórica do sexo feminino'." (BEAUVOIR, 1970, p. 74)

Beauvoir concorda com os argumentos de Engels, embora afirme que para conhecer a situação da mulher "é preciso ir além da teoria do materialismo histórico que só vê no homem e na mulher entidades econômicas". Já ambos os autores concordam com os aspectos da corrente que afirma a humanidade não como uma espécie animal, mas como uma realidade histórica na qual a sociedade humana não sofre passivamente a presença da Natureza; ela a refaz constantemente, tomando posse sobre ela. Essa retomada de posse não é uma operação interior e subjetiva, mas se efetiva objetivamente na práxis.

---

[2] Friedrich Engels (1820-1895) foi um filósofo alemão que escreveu, entre outras obras, *A origem da família, da propriedade privada e do Estado*, na qual, por influência do marxismo, analisa o foco materialista do desenvolvimento da civilização, classificando os diferentes tipos de família como: família consanguínea; família punaluana; família pairing; e família monogâmica. O livro também prioriza explicar a passagem do matriarcalismo ao patriarcalismo, correlacionando-a ao começo da propriedade privada e, consequentemente, ao início do Estado.

O racionalismo científico, além de não libertar a mulher da dominação masculina concebida por meio das técnicas e do desenvolvimento da agricultura, sedimentou os preconceitos. Os primeiros cientistas, como Platão (428 a.C.-347 a.C.), consideravam a mulher sexualmente demoníaca, ou como Aristóteles (384 a.C.-322 a.C.), julgavam-nas psicologicamente irresponsáveis, e até o médico grego Galeno (131 d.C.-200 d.C.) afirmava que o sexo feminino era fisicamente imperfeito.

> "Assim, a mulher não poderia ser considerada apenas um organismo sexuado: entre os dados biológicos só têm importância os que assumem na ação, um valor concreto; a consciência que a mulher adquire de si mesma não é definida unicamente pela sexualidade. Ela reflete uma situação que depende da estrutura econômica da sociedade, estrutura que traduz o grau de evolução técnica a que chegou a humanidade." (BEAUVOIR, 1970, p. 73)

Já sobre o psicanalista Sigmund Freud (1856-1939), médico neurologista e fundador da psicanálise, a crítica de Beauvoir faz-se ainda mais expressiva. A autora rejeita suas contribuições nas quais enxerga apenas valores misogenistas. "É porque do ponto de vista dos homens – e é o que adotam os psicanalistas de ambos os sexos – consideram-se femininas as condutas de alienação, e viris aquelas em que o sujeito afirma sua transcendência." Corrobora-se, assim, a alusão da mulher passiva.

> "O mito é uma dessas armadilhas da falsa objetividade. Trata-se mais uma vez, de substituir a existência vivida e os livres julgamentos que ela reclama por um ídolo imoto. A uma relação autêntica com um existente autônomo, o mito da mulher substitui a contemplação imóvel de uma miragem." (BEAUVOIR, 1970, p. 306)

Beauvoir questiona a estrutura hierárquica e a naturalização das relações sociais que durante séculos sustentaram as desigualdades entre os sexos. Por ser existencialista,[3] a autora entende a liberdade como escolha incondi-

---

[3] O existencialismo considera cada indivíduo como um ser único que é autor dos seus atos e do seu destino.

cional que o indivíduo faz do seu ser e do seu mundo. Quando a mulher julga estar subordinada a forças externas mais poderosas do que a sua vontade, esse julgamento é uma decisão livre. Em outras palavras, o conformismo ou a resignação são decisões livres.

A autora não enxerga a mulher como um sexo frágil ou uma vítima do homem e de sua dominação, mas como uma vítima de si mesma, de sua passividade. Contemporaneamente, a realidade já se faz distinta; porém, em 1949, época na qual a autora escreveu tal obra, a ideologia pregada em seus textos era no mínimo revolucionária.

Olhos de reconstrução e transformação. A mulher necessita repensar sua colocação no mundo, bem como suas premissas de ser mãe, dona de si e de seus desejos, pois, para a filósofa francesa, a categoria de *segundo sexo* é uma imposição. "A sociedade sempre foi masculina; o poder político sempre esteve nas mãos dos homens. 'A autoridade pública ou simplesmente social pertence sempre aos homens', afirma Lévi-Strauss sobre seu estudo sobre as sociedades primitivas."

Segundo sexo é uma denominação baseada na irreversível oposição humana em relação ao diferente. O homem apenas se enxerga ao pensar e avaliar o outro, ou seja, aprende o mundo sob o signo da dualidade.

> "Esclarece-se, ao contrário, se, segundo Hegel descobre-se na própria consciência uma hostilidade fundamental em relação a qualquer outra consciência; o sujeito só se põe em se opondo: ele pretende afirmar-se como essencial e fazer do outro o inessencial, o objeto." (1970: 12)

Beauvoir afirma: "São os homens que compõem os códigos", e pode-se considerar que são eles que escreveram grande parte da História ocidental também. Portanto, foi a partir de tais ordens de sistema que a mulher se encontrou restrita a alguns estereótipos. A mãe e a prostituta foram os mais comuns. Todavia, o feminismo reagiu contra essa negação da autonomia da existência do gênero, rejeitando a ideia do eterno e passivo "bom feminino", conseguindo assim novos traços de desenvolvimento. Hoje em dia, graças a tais conquistas, existe uma grande diversidade de representações de mulheres.

Nas palavras de Lipovetsky (2000), também filósofo e francês, embora contemporâneo, em *A terceira mulher: permanência e revolução do feminino*, a revolução do feminino surge com a liberdade sexual conquistada pela mulher e por intermédio do trabalho, ou seja, a partir da época em que surgiram outras profissões e a sombra da prostituição deixou de ser crucial. O autor defende que o liberalismo cultural sustentado pela eficácia do consumo e da comunicação de massa autonomiza o sexo em relação à moral, generaliza o princípio de livre posse de si e desvaloriza, em partes, o esquema da subordinação entre os sexos.

> "A revolução das necessidades, revolução sexual: a época do consumo de massa não se caracteriza apenas pela proliferação dos produtos, mas também pela profusão dos signos e referenciais do sexo. Os anos 50 são testemunhas de uma escalada erótica da publicidade; Eros[4] se exibe um pouco em toda a parte nos filmes e nas revistas, antes mesmo que a pílula e a irrupção das correntes contestadoras iniciem a revolução dos costumes dos anos 60-70. [...] À medida que a liberdade sexual deixou de ser um sinal de moralidade, a atividade profissional feminina se beneficiou de julgamentos muito mais amenos." (LIPOVETSKY, 2000, p. 229)

A *primeira mulher* é o estereótipo do indivíduo subordinado ao homem, confinada às "atividades sem brilho". A segunda é esclarecida, batalhadora, enaltecida e idolatrada pelas feministas; todavia, o autor não acredita mais na permanência dessas duas generalizações categóricas. Agora, a *terceira mulher* está inserida na lógica liberadora do individualismo contemporâneo e se encontra ainda presa aos valores sociais modernos, embora estes tenham reinventado e reorganizado suas velhas ideologias de sujeição feminina.

Lipovetsky não faz jus à categorização numérica e comportamental de Beauvoir, na qual a mulher se encontra como o segundo sexo, subordinada ao sexo masculino. Porém, realiza uma avaliação dos papéis femininos na atualidade, expondo a não afirmação da mulher no papel de vítima dominada pelo macho, nem no desempenho de indivíduo combativo anunciado pelo feminismo histórico.

Para o desenvolvimento do progresso feminino, as instituições organizadas de mulheres tiveram um papel fundamental nos últimos séculos, sempre

---

[4] Na mitologia grega, Eros, filho de Afrodite, é o deus do amor.

combativo, mas infelizmente pouco difundido. Nas palavras do autor, ocorreu uma significativa alternância de exigências. Nas décadas de 60 e 70, o feminismo se empenhava em emancipar a sexualidade das normas morais, em fazer regredir a influência do social sobre a vida privada. Hoje, ao contrário, a reivindicação é cada vez mais de controle público sobre a vida privada, com leis sobre o assédio sexual, códigos de comportamento e linguagem corretos, proibições da pornografia, entre outros.

A conversão dessas cobranças deve-se ao poder de comercialização e fetichismo sucumbido ao corpo feminino e, consequentemente, aos seus estigmas atuais. Atualmente, o mercado está mais do que nunca voltado para a eterna busca da beleza, ocasionando assim uma incansável busca pela perfeição, na qual o ápice do consumo se torna inatingível, provocando constantes sentimentos depressivos estético-narcisistas, ou, como comenta Lipovetsky, a incansável reafirmação do *belo sexo*, ou a continuação da dominação masculina e da negação da mulher por novos meios.

> "Paradoxalmente, o desenvolvimento do individualismo feminino e a intensificação das pressões sociais das normas do corpo andam juntos. De um lado, o corpo feminino se emancipou amplamente de suas antigas servidões, sejam sexuais, sejam procriadoras ou indumentárias: do outro, ei-lo, submetido a coerções estéticas mais regulares, mais imperativas, mais geradoras de ansiedade do que antigamente." (2000, p. 135)

Implica ressaltar que durante a maior parte da história da humanidade a mulher não representou de modo algum a encarnação suprema da beleza. Ao se descrever a Pré-história e as sociedades selvagens, pode-se concluir que a perfeição estética é um fenômeno social. Com base no autor, no período Paleolítico, as representações de mulheres eram mais signos femininos, como triângulos pubianos e estatuetas de mulheres nuas de seios flácidos e hipertrofiados e bacias grandes, símbolos de fertilidade. No Neolítico, já se notam traços mais humanos. As deusas-mães apresentam expressões de poder acima dos homens.

Porém, com o aparecimento do Estado e das classes sociais, o reconhecimento social da beleza feminina entrou em uma nova fase histórica, como no caso da Grécia Clássica (houve também nessa época os primeiros sinais da consagração e do culto à beleza masculina, manifestações mais direcionadas aos âmbitos do poder, dos esportes e da guerra). São exemplos as deusas do Panteão: Hera, Ártemis, Atena e Afrodite, e também as representações de Pandora, constantemente ligada a uma parte maléfica das mulheres, e Helena, cuja beleza serviu de pretexto à guerra de Troia.

Figura 1 – Eva Prima Pandora, de Jean Cousin. França, século XVI

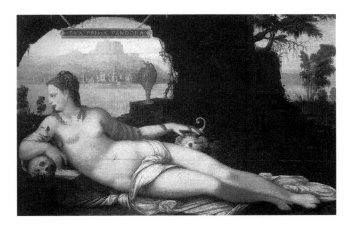

Fonte: Yalom, História do seio, 1997.

Apesar de beleza não ser um conceito recente, enxerga-se hoje um acréscimo no seu ambiente de manifestação cultural e social. O mito do corpo transpôs novos valores para a sociedade mais democrática, tecnológica e globalizada, renunciando assim à sua subordinação ao destino. Há algum tempo, a beleza estética composta por padrões harmoniosos era considerada uma dádiva. Alguns nasciam belos; aos demais restava a resignação. Agora, o universo delineou-se variavelmente. A virtude do homem é a falta de acomodação, ou seja, é possível sempre recuperar os juros biológicos e realizar uma dieta rigorosa, uma cirurgia plástica e, assim, ficar mais bonito. Basta lutar e/ou pagar.

O belo continua a ser uma característica mais feminina do que masculina, oriunda da Renascença, quando a perfeição era sagrada; e para resguardá-la, a mulher se encontrava condenada a um papel limitado e doméstico. O movimento feminista e a sociedade de consumo alteraram esse contexto, mas a mulher não deixou de ter uma identificação fortemente ligada à estética.

Para Lipovetsky, as mulheres, por imposições culturais, desvalorizam a imagem que fazem de si, desviando-a do combate social e da vida política.

Contentam-se com empregos subalternos, aceitam salários inferiores aos dos homens, são pouco sindicalizadas, respeitam mais os homens do que a si mesmas, embora na modernidade, apesar de existirem algumas poucas permutabilidades dos papéis do sexo, haja a constituição de distâncias diferenciais mais tênues, menos anuladoras, não diretivas e com princípios de livre disposição de si.

A mídia seguiu uma tendência pouco contestadora no que tange aos assuntos femininos e, segundo Bosi (2000), tal situação se deve ao fato de os veículos de comunicação assumirem posições avessas às polêmicas sociológicas. "A despolitização tem origem no desejo de agradar o maior número possível de leitores. Como a religião, a política é algo que divide." Porém, por outro lado, a autora defende o conceito de "democratização da informação" advindo do poder midiático. Até meados do século XIX, o significado de "cultura", algo acessível apenas à nobreza e à alta burguesia, não tinha mais vigência na medida em que os meios informativos passaram por um processo de generalização.

> "Há cada vez mais largas faixas de comunicação não acadêmica, comuns a várias classes sociais: a ação do rádio, da TV, do cinema, dos jornais, das revistas, dos livros de bolso é de tal sorte que, em termos quantitativos, se pode aproximar (e, não raro, identificar) os meios de comunicação e os meios de cultura, sobretudo nas nações mais desenvolvidas." (BOSI, 2000, p. 32)

Outro foco relevante sobre mídia e gênero aparece em Mattelart, 1982; sua tese decorre sobre o fato de a mulher ser um dos alvos prediletos da cultura de massa e, mediante uma nova ordem simbólica, o feminino é obrigado a cumprir dois papéis: primeiro, o de pacificadora e sujeito ao qual cabe resolver certas contradições do sistema, como a família e a educação; segundo, o papel de pilar da "economia de apoio", colaborando com a força de trabalho desvalorizada e não remunerada, assegurando uma alta taxa de mais-valia[5] ao salário do marido e, indiretamente, da mulher também. Ao decorrer de sua argumentação, a autora comenta sobre o papel materno nesse contexto com suas novas manifestações de prazer e labor.

---

[5] Mais-valia é o termo criado por Karl Marx para a diferença entre o valor produzido pelo trabalho e o salário pago ao trabalhador, que justificaria a fundamentação da exploração no sistema capitalista.

> "Este tipo de familia, que su vez está en crisis, cuya identidad ha estallado en una suma de conciencias individuales, aisladas, dirigidas hacia si mismas, narcisistas, ofrece a la industria de los ocios un objetivo múltiple. Las nuevas formas de control social unidas a la aparición de la "cultura del narcisismo" se inscriben en un contexto socio-psicológico caracterizado por la sensación de la degradación del trabajo y la búsqueda de la satisfacción en terreno de la vida privada, espacio del ocio. Así se situa la gran propaganda publicitaria cuyo objetivo es proyectar unas imagenes de satisfacciones totales e inmediatas que vayan asociadas al consumo de los bienes, de los servicios y de las experiencias." (MATTELART, 1982, p. 113)

A mídia detém grande poder de influência sobre a criação, manutenção e difusão de modelos comportamentais, uma ferramenta importante na disseminação de questões relevantes à sociedade. Deve-se levar em consideração que a televisão possui papel preponderante nesse modelo de sociedade marcada pelos investimentos econômicos. Por ser o veículo de comunicação mais persuasivo e com alto poder sinestésico e metafórico em todas as classes sociais, a TV é um meio de comunicação que está presente no cotidiano social; tem um caráter apelativo marcante seduzindo e interferindo diretamente nos valores culturais.

Já a cultura representa um meio particular de integrar sociedades e povos dentro de aspectos universais distintos, podendo ser entendida como a totalidade daquilo que foi elaborado e repassado pela atividade humana na construção de um mundo coletivo e na identificação de um determinado grupo. Nesse aspecto, a sociedade de informação traduz as manifestações culturais em constantes estratégias mercadológicas; assim sendo, a informação provoca no contexto social mudanças de interesses de consumo.

A novidade se torna imperativo na modernidade, e nesse panorama a mulher tornou-se um alvo para o mercado, ansiando por inovação para resolver características naturais do seu corpo por meio de instrumentos que promovam o desejo da beleza, como a moda, os cosméticos, os serviços de estética, a alimentação, entre outros. Esse ciclo apoiado na publicidade adentra a sociedade e resulta na renovação das necessidades.

Grande parte do público feminino tem acesso ao mercado de produtos e bens de consumo, incentivando assim as corporações que alimentam a continuidade da indústria cultural a investirem em novos produtos de acordo com os estratos sociais, ao mesmo tempo em que produzem similares com qualidades distintas.

Pode-se verificar uma democratização do acesso ao consumo por intermédio da massificação dos produtos oferecidos na lógica mercadológica. A sociedade de consumo legitimou o ideal de viver melhor, e a propaganda baseada no desejo de melhorar de vida é praticamente universal. Nesse momento, implica diagnosticar as diferenças entre as melhorias necessárias no contexto do empoderamento feminino e as iniciativas estabelecidas da área de comunicação.

1.2 Meios de comunicação e equidade de gênero no Brasil

No Brasil, o órgão formado e mantido pelas agências de publicidade, empresas anunciantes e veículos de comunicação, o Conselho Nacional de Autorregulamentação Publicitária (CONAR), não aborda diretamente o assunto relacionado aos estigmas femininos e suas especificidades. A organização, apesar de não ser reconhecida como instituição social, é a única fiscalizadora da ética na propaganda comercial veiculada no país, norteada pelas disposições contidas no Código Brasileiro de Autorregulamentação Publicitária, documento este que se apoia em legislações e diretrizes datadas das décadas de 1950 a 1970.[6] Cabe ressaltar que, no Brasil, ainda há legislação específica sobre a publicidade e a propaganda; o CONAR é apenas uma autorregulamentação fundamentada em normas.

Tal ausência de leis específicas contra a deturpação da imagem feminina decorre de um processo nacional negligente com os assuntos de igualdade de gênero desde o tempo Brasil colônia e que perpetua até hoje. Pouco se comenta das injustiças ocorridas nos campos históricos, profissionais e políticos com as mulheres brasileiras. Talvez a isso se deva a frase divulgada por Beauvoir no final da década de 40: "Toda a história das mulheres foi escrita pelos homens". E, portanto, acrescentou Teles[7] (1993), "está sob suspeição".

---

[6] Código Brasileiro de Autorregulamentação Publicitária. Disponível em: <www.conar.org.br>.

[7] Maria Amélia de Almeida Teles é ativista dos movimentos feministas e de direitos huma-

Teles destacou inúmeras mulheres que morreram defendendo suas terras, famílias e direitos, ou mesmo as que lutaram à época da ditadura militar brasileira, e complementa: "Mesmo as mulheres que foram protagonistas de movimentos sociais, como as de lutas pela reforma agrária, direito à moradia, incorporação das trabalhadoras rurais e domésticas à legislação trabalhista, não têm tido condições para escrever sua própria história".

Porém em sua obra é possível conhecer grande parte das brasileiras memoráveis historicamente, desde as negras fugitivas e formadoras de núcleos de resistência no Período Colonial, as representantes dos embates na Primeira e na Segunda República até as ativistas na periferia dos centros urbanos nacionais, como, por exemplo, as mulheres das organizações de luta por creche, além de sindicalistas, jornalistas, escritoras, artistas, entre outras.

Hoje, apesar dos avanços nas políticas públicas de gênero no país, ainda persistem dados vergonhosos sobre a violência contra mulheres. Segundo a pesquisa de opinião realizada pelo Data Popular e Instituto Patrícia Galvão[8] em 2013, para 70% da população, a mulher sofre mais violência dentro de casa do que em espaços públicos no Brasil. Os dados revelaram que 7 em cada 10 entrevistados (de ambos os sexos e todas as classes sociais) consideram que as brasileiras sofrem mais violência dentro de casa do que em espaços públicos. Os números são assustadores: 54% conhecem uma mulher que já foi agredida por um parceiro e 56% conhecem um homem que já agrediu uma parceira. E 69% afirmaram acreditar que a violência contra a mulher não ocorre apenas em famílias pobres.

Segundo o *site* da Organização das Nações Unidas, mulheres de 15 a 44 anos correm mais risco de sofrer estupro e violência doméstica do que de câncer, acidentes de carro, guerra e malária. "Um estudo da Organização Mundial da Saúde (OMS) realizado em 11 países constatou que a porcentagem de mulheres submetidas à violência sexual por um parceiro íntimo varia de 6% no Japão a 59% na Etiópia".

---

nos desde os anos 1970. Foi vítima de tortura quando esteve presa por motivos políticos em São Paulo (1972/1973), à época, grávida de sete meses, cujo filho nasceu na prisão. Pertenceu à equipe do Jornal Brasil Mulher e à coordenação dos três Congressos Paulistas de Mulheres. Fez parte do Comitê Brasileiro pela Anistia. Trabalhou no Conselho Estadual da Condição Feminina. Fez parte da Assessoria da Comissão de Direitos Humanos da Câmara Municipal de São Paulo. Atualmente, faz parte da Comissão Especial da Lei no 10.726/2001, que visa a indenizar os ex-presos políticos torturados.

[8] http://www.agenciapatriciagalvao.org.br.

14 Comunicação, Gênero e Saúde • Feldmann

Uma das medidas em voga sobre a coibição da violência doméstica e familiar contra a mulher é a Lei Maria da Penha,[9] vigente desde setembro de 2006, nos termos da Constituição Federal, da Convenção sobre a Eliminação de Todas as Formas de Discriminação contra as Mulheres e da Convenção Interamericana para Prevenir, Punir e Erradicar a Violência contra a Mulher. Segundo a lei,[10] são formas de violência doméstica e familiar contra a mulher, entre outras:

> "I – a violência física, entendida como qualquer conduta que ofenda sua integridade ou saúde corporal;
>
> II – a violência psicológica, entendida como qualquer conduta que lhe cause dano emocional e diminuição da auto-estima ou que lhe prejudique e perturbe o pleno desenvolvimento ou que vise degradar ou controlar suas ações, comportamentos, crenças e decisões, mediante ameaça, constrangimento, humilhação, manipulação, isolamento, vigilância constante, perseguição contumaz, insulto, chantagem, ridicularização, exploração e limitação do direito de ir e vir ou qualquer outro meio que lhe cause prejuízo à saúde psicológica e à autodeterminação;
>
> III – a violência sexual, entendida como qualquer conduta que a constranja a presenciar, a manter ou a participar de relação sexual não desejada, mediante intimidação, ameaça, coação ou uso da força; que a induza a comercializar ou a utilizar, de qualquer modo, a sua sexualidade, que a impeça de usar

---

[9] A biofarmacêutica Maria da Penha Maia lutou durante 20 anos para condenar seu agressor e virou símbolo contra a violência doméstica. Em 1983, seu marido, o professor universitário Marco Antonio Herredia, tentou matá-la duas vezes. Na primeira vez, deu um tiro, deixando-a paraplégica. Na segunda, tentou eletrocutá-la. Na ocasião, ela tinha 38 anos e três filhas, entre 6 e 2 anos de idade. A investigação começou em junho do mesmo ano, mas a denúncia só foi apresentada ao Ministério Público Estadual em setembro de 1984. Oito anos depois, Herredia foi condenado a oito anos de prisão, mas usou de recursos jurídicos para protelar o cumprimento da pena. O caso chegou à Comissão Interamericana dos Direitos Humanos da Organização dos Estados Americanos (OEA), que acatou, pela primeira vez, a denúncia de um crime de violência doméstica.

[10] Disponível em: <http://www.planalto.gov.br/CCIVIL/_Ato2004-2006/2006/Lei/L11340.htm.>.

qualquer método contraceptivo ou que a force ao matrimônio, à gravidez, ao aborto ou à prostituição, mediante coação, chantagem, suborno ou manipulação; ou que limite ou anule o exercício de seus direitos sexuais e reprodutivos;

IV – a violência patrimonial, entendida como qualquer conduta que configure retenção, subtração, destruição parcial ou total de seus objetos, instrumentos de trabalho, documentos pessoais, bens, valores e direitos ou recursos econômicos, incluindo os destinados a satisfazer suas necessidades;

V – a violência moral, entendida como qualquer conduta que configure calúnia, difamação ou injúria."

Porém, não é apenas a violência um fator impeditivo à igualdade de gênero no Brasil. Conforme dados divulgados pela Secretaria Especial de Políticas para as Mulheres, entre os anos de 2003 e 2006, houve uma união de todos os ministérios e órgãos governamentais com a finalidade de atender às reivindicações de incorporação das especificidades das mulheres nas gestões públicas e no estabelecimento das condições necessárias para a sua plena cidadania.

No Plano Nacional de Políticas para as Mulheres foram vinculados o MCid (Ministério das Cidades), Minc (Ministério da Cultura), MPOG (Ministério do Planejamento, Orçamento e Gestão), SEDH (Secretaria Especial dos Direitos Humanos), MDA (Ministério do Desenvolvimento Agrário), MJ (Ministério da Justiça), MS (Ministério da Saúde), SEPIR (Secretaria Especial para Políticas de Promoção da Igualdade Racial), MDS (Ministério do Desenvolvimento Social e Combate à Fome), MMA (Ministério do Meio Ambiente), MTE (Ministério do Trabalho e Emprego), SPM (Secretaria Especial de Políticas para Mulheres), MEC (Ministério da Educação), MME (Ministério de Minas e Energia) e SEAP (Secretaria Especial Aquicultura e Pesca).

Os avanços conquistados pelo Brasil em relação às questões de gênero são derivados de marcos históricos influenciados pelos contextos sociais de determinadas épocas junto ao esforço de inúmeras mulheres, como, por exemplo, acesso aos esportes (1924), o direito de estudar (1827), o ingresso nas universidades (1875) e o voto feminino no Brasil[11] (1932).

---

[11] Antes, o voto feminino era permitido somente às mulheres casadas e às viúvas e solteiras que tivessem renda própria. Em 1934, tais restrições foram eliminadas do Código Eleito-

Entre as mulheres mais influentes na história nacional destacam-se algumas personalidades, como a bióloga Bertha Lutz (1894-1976), que, ao se aproximar dos movimentos feministas da Europa e dos Estados Unidos da América, criou as bases do feminismo no Brasil. Foi fundadora da Federação Brasileira para o Progresso Feminino em 1922 e eleita suplente para deputado federal em 1934. Suas principais bandeiras de luta eram mudanças na legislação trabalhista com relação ao trabalho feminino (igualdade salarial) e infantil. Outro importante nome foi o de Carlota Pereira de Queiroz (1892-1982): médica, pedagoga e política, fundou a Academia Brasileira de Mulheres Médicas em 1950 e tornou-se a primeira deputada federal da História do Brasil eleita pelo Estado de São Paulo em 1934. Além de Patrícia Rehder Galvão, conhecida pelo pseudônimo de Pagu (1910-1962), escritora, jornalista, militante comunista, presa e torturada diversas vezes no decorrer de sua vida. Em 1950, concorreu a deputada estadual em São Paulo pelo Partido Socialista Brasileiro, mas não foi eleita.

Hoje, graças a essas e outras inúmeras mulheres existem leis, programas, conselhos, institutos e diversos organismos voltados para a promoção da igualdade de gênero. Além das organizações globais, como as Conferências Mundiais sobre Mulheres, nas quais instituições reivindicam e verificam as medidas de combate às disparidades sociais entre homens e mulheres – como foi o caso da influência internacional no Brasil a respeito do caso de Maria da Penha.

Faz-se importante elencar algumas datas mundialmente reconhecidas sobre as lutas femininas:

- 8 de março – Dia Internacional da Mulher; o dia foi eleito como uma homenagem a 129 mulheres, queimadas vivas em uma fábrica de tecidos em Nova Iorque, EUA, em 1857, por reivindicarem um salário justo e a redução da jornada de trabalho.
- 30 de abril – Dia Nacional da Mulher.[12]

---

ral, embora a obrigatoriedade do voto fosse um dever masculino. Já em 1946, a obrigatoriedade do voto foi estendida às mulheres.

[12] No decorrer da ditadura militar no Brasil, 1964-1984, foi proibida a comemoração do Dia Internacional da Mulher, 8 de março, e instituiu-se 30 de abril como o Dia Nacional da Mulher.

- 18 de maio – Dia Nacional de Combate ao Abuso e à Exploração Sexual de Crianças e Adolescentes; a data escolhida é a da morte de Araceli, menina de oito anos, violentada e morta de forma hedionda no Estado do Espírito Santo. Apesar de identificados, os culpados por sua morte nunca foram punidos.

- 28 de maio – Dia Internacional de Luta pela Saúde da Mulher e Dia Nacional de Redução da Morte Materna.

- 25 de julho – Dia Internacional da Mulher Negra Latino-americana e Caribenha.

- 23 de setembro – Dia Internacional contra a Exploração Sexual e o Tráfico de Mulheres e Crianças.

- 28 de setembro – Dia pela Discriminação do Aborto na América e Caribe.

- 10 de outubro – Dia Nacional de Luta contra a Violência à Mulher.

- 25 de outubro – Dia Internacional contra a Exploração da Mulher.

- 25 de novembro – Dia Internacional da Não Violência contra as Mulheres.

Segundo estudo realizado pelo Fórum Econômico Mundial, que divulga o índice Global Gender Gap Index (GGI) sobre as desigualdades de gênero em diferentes países, apesar das conquistas, o Brasil ainda possui uma baixa classificação geral no que diz respeito às questões femininas. No relatório divulgado no ano de 2012 o país aparece em 62º lugar, o que corresponde a um aumento significativo na última classificação geral. Mas, em 2011 sua posição era pior: 82º lugar.

As bases estruturais econômicas, históricas e da comunicação na formação da misogenia e das distintas formulações ideológicas que lhe deram sustentação no decorrer dos séculos são bases teóricas das políticas reformistas defendidas pela maioria dos movimentos feministas contemporâneos.

De todos os aspectos das questões de gênero nenhum pode ser observado e analisado separadamente, pois são partes constitutivas de uma narrativa milenar da luta feminina pela afirmação dos direitos humanos, seja daqueles direitos idênticos aos dos homens, seja daqueles peculiares às mulheres. Não é possível desvincular a ação pela saúde das reivindicações econômicas, trabalhistas e políticas. A emancipação feminina transcende o setor de saúde e se define como a união de direitos em todos os aspectos sociais.

1.3 Indústria cultural, mulheres e saúde

Desde sua criação, os veículos de comunicação têm reproduzido cultural e sociologicamente o período histórico vivenciado pelo universo feminino, com representações padronizadas dos costumes das épocas retratadas, divulgando as imposições culturais e religiosas que têm comumente auxiliado na pregação dos valores e dos papéis da moral feminina.

> "'O primeiro dever de uma mulher é ser atraente', declara um reclame de um perfume dos anos 20. À desqualificação tradicional dos artifícios femininos sucedem as injunções do consumo: 'Como 999 entre mil mulheres, você deve usar pó ruge'. Martelando a ideia de que beleza pode ser comprada, o mundo do reclame educou as mulheres para uma visão consumista da beleza." (LIPOVETSKY, 2000, p. 160)

Por meio da análise peculiar dos estudos relacionados à indústria cultural é possível generalizar as características do fenômeno em virtude das semelhanças que apresentam em suas linhas, com manifestações e trajetória de atuação relativamente idênticas.

A televisão e o rádio, desde sua origem, veiculavam produtos direcionados à família; os temas desenvolvidos priorizavam as questões ligadas à busca do casamento; mulheres traídas e/ou abandonadas; mães solteiras e rejeitadas pela família e pela sociedade; adultério; preservação da pureza feminina e pecados carnais e luxuriosos. Para uma melhor compreensão da posição da família no contexto histórico, pode-se dividir o eixo entre três influentes vias sociais: a família do provedor masculino; o "familismo"; a família no Estado de Bem-Estar Social de orientação social-democrata.

A família do provedor masculino era o benefício do seguro social público com fundamento na família do trabalhador, ou seja, concedido diretamente a ele enquanto mantenedor do grupo familiar. A responsabilidade familiar era o que assegurava os riscos do curso do cotidiano, como acidentes de trabalho, doença, velhice, invalidez e desemprego. Os jovens cuidavam dos adultos que lhes transferiam o patrimônio. Nessa situação, a mulher assumia uma posição passiva e reprodutora do núcleo organizativo já estabelecido.

Por outro lado, a terminação *familismo*[13] deve ser entendida como uma alternativa em que a política pública "exigia" que as unidades familiares assumissem a responsabilidade principal pelo bem-estar social. Por fim, a família na via social-democrata do Estado de Bem-Estar Social era a situação em que o governo buscava socializar antecipadamente os custos enfrentados pelo grupo familiar. Isso acontecia com as transferências específicas ao indivíduo através de serviços para o cuidado de crianças, idosos e deficientes. Essa proposta correspondia ao objetivo macroeconômico de pleno emprego, expandindo novos postos de trabalho, inclusive desenvolvendo a mão de obra feminina.

No Brasil, como na maioria dos países ocidentais, a definição social da família acarreta características da formação política da sociedade. Assume-se uma preposição de regras para fatores fundamentais, como a maternidade, educação, criação dos filhos, o trabalho feminino e principalmente a contribuição geral à ordem moral e social. O maior exemplo desse princípio de regras e funções familiares é o Estatuto da Família de 1939.[14] Porém, ao longo da história do país, foram surgindo mudanças cruciais, principalmente de ordem financeira; a população tornou-se mais numerosa, porém mais pobre, e o custo de vida das principais cidades brasileiras é alto demais para o orçamento familiar.

Hoje se discute uma nova definição de família enquanto detentora e transmissora dos recursos financeiros. A inclusão ou a ausência de determinados membros no conjunto da família altera a média salarial *per capita*. Assim, os programas de transmissão de renda funcionam de forma imprópria, não suprindo a necessidade familiar. Inverte-se o papel da família, ou seja, de instituição protetora, ela passa a ser o órgão ameaçado. Dadas as incapacidades tanto da família como do Estado de governar e manter o bem-estar

---

[13] Termo extraído do livro: *Estado e políticas sociais do neoliberalismo*. Asa Cristina Laurell (Org.). Texto: *Política de Assistência Social e a posição da família na política social brasileira*.

[14] O "Estatuto de Família", que seria assinado pelo presidente Vargas em 1939, mas que não chegou a ser promulgado. Antes, ele sofreria as críticas de Francisco Campos e Oswaldo Aranha; outros pareceres seriam elaborados, e finalmente seria constituída uma "Comissão Nacional de Proteção da Família" da qual uma série de projetos específicos se originaria.

dos indivíduos, surge a alternativa assistencialista da sociedade civil, que através de organizações não governamentais assume responsabilidades de amparo e proteção à população de forma apenas temporária.

Os avanços tecnológicos, as novas concepções do trabalho e das relações sociais de produção configuram-se atualmente apontando para uma nova ordenação mundial e ressaltando novas concepções do saber articuladas à questão do poder. Esse panorama contemporâneo tem alterado de forma significativa o contexto das situações de trabalho e de vida das mulheres. Na sociedade do conhecimento, comunicar significa entender o uso das palavras dentro de um sistema em que os poderes estão recalcados nos fluxos de informação e são tão importantes na formação de valores como no embasamento de opiniões.

Mas, mesmo passando por todas essas adaptações, a família não perdeu seu poder de institucionalização e preservação da organização social no século XXI, principalmente devido ao grande apoio que obteve da televisão e do rádio na difusão dos valores morais brasileiros, e consequentemente da imprensa escrita.

O surgimento do interesse mercadológico pelo público feminino, e principalmente pelo seu poder de compra, concretizou-se nos veículos de comunicação, especificamente nos anúncios e textos da imprensa feminina. Nascidos no século XVII[15] e estritamente dirigidos às mulheres, tais veículos abordavam no início exclusivamente assuntos amorosos, preponderantemente sob o contexto da literatura, logo depois acompanhado pelo da moda. Os direitos femininos entraram em cena nos séculos XVIII e XIX. Paralelamente, os signos da utilidade foram introduzidos e ganharam espaço: trabalhos manuais, conselhos de saúde e de economia doméstica.

Implica nesta análise classificar a imprensa feminina como uma especificidade do gênero comunicacional, uma questão polêmica ao se entender que o adjetivo *feminina* visa refletir o universo das mulheres, representando suas aspirações informativas e literárias. Porém, normalmente, o conteúdo do segmento não representa a mulher, omitindo seus interesses por política, economia e assuntos sociais. Buitoni afirma: a imprensa feminina é aquela dirigida e pensada para mulheres. "A feminista, embora se dirija ao mesmo público, se distingue pelo fato de defender suas causas".

---

[15] Buitoni explica que a imprensa feminina surgiu no mundo ocidental no final do século XVII, com o jornal *Lady's Mercury*.

A ineficiente distribuição de seus exemplares acontecia devido às distâncias entre as comunidades e o fato de os meios de transporte e o sistema de correio ainda não serem suficientemente desenvolvidos, o que ocasionava a ausência de impressos factuais devido à falta de tempo hábil para a informação chegar às leitoras. Porém, não apenas por uma questão de tecnologia, a comunicação deteve-se inicialmente em assuntos basicamente de ordem secundária – como questões sentimentais, culinária, ficção, entre outros. O entretenimento pacífico, despolitizado e pouco reivindicativo era o que se esperava da mulher que, ao tomar contato com tais veículos, construiria no imaginário feminino heróis, princesas e modelos de felicidade.

Mattelart explica que as condições de acaso embutidas no ideal de satisfação feminina contextualizam o destino individual em um plano mais preponderante do que as conquistas sociais.

> "La mayor represión que ejerce lo que en otra ocasión denominábamos 'el orden del corazón', orden que preside la organización del discurso melodramático, consiste en desistir cualquier forma de lucha contra las desigualdades sociales (que por otra parte son reconocidas) por medio de una explicación difundidísima: solo el amor pode ayudar a franquear las barreras de clase. La solución no sólo es individual (nunca colectiva), sino que, además, depende del milagro del amor. El amor, por otra parte, se convierte en el eje de explicación universal, a partir del cual se resuelven, negándolas, las contradicciones sociales, pues el orden social injusto tiene dos ayudantes: la naturaleza y la fatalidad." (MATTELART, 1982, p. 37)

Nessa questão, Bosi (2000) complementa que a caracterização da comunicação de massa sobre o uso da imagem de pessoas famosas pelas mídias nada mais representa do que uma tentativa de "desrealização" da vida opressiva e árdua da mulher, uma alienação de seus problemas reais.

> "A interpretação freudiana procura abranger sobre o mesmo conceito todas as atividades de 'desrealização' de que é capaz o espírito humano: arte, mito, contos folclóricos e, acrescentaríamos, as infinitas imagens de vítimas e heróis que povoam a imprensa feminina de nossos dias [...]. A imprensa feminina

se ocupa largamente com a vida de artistas, princesas, campeões, *playboys*, que constituem o 'Olimpo' da cultura de massas e que, por isso, são denominadas 'personagens olimpianas'." (BOSI, 2000, p. 135-142)

Um dos primeiros periódicos feministas foi o *L'Athénée des Dames*, escrito na França, em parte como consequência da Revolução Francesa, na Itália e Alemanha. "Apesar do correio sentimental, suas profissionais buscavam a luta, no que não eram acompanhadas pelas leitoras, que lhes escreviam dizendo ser a resignação a solução para os problemas femininos. Foi fechado em 1809, por ordem do imperador", comenta Buitoni.

Por questões ligadas ao desenvolvimento nacional, o nascimento das revistas femininas no Brasil foi posterior ao histórico da mídia impressa na Europa. As imposições culturais designavam às brasileiras pouca liberdade de ação e estas apenas saíam de casa em momentos raros, acompanhadas de seus maridos. As meninas começaram a frequentar a escola na metade do século XIX, e a alfabetização tardia do gênero contribuiu para sua submissão e, consequentemente, para a não reivindicação do acesso à informação.

Buitoni menciona *O Espelho Diamantino*, lançado em 1827, como o primeiro periódico feminino brasileiro. Os assuntos publicados eram: política, literatura, belas-artes e moda. Logo após, foram surgindo outros nomes: *O Espelho das Brazileiras* (1831), *A Mulher do Simplício* e a *Fluminense Exaltada* (ambos editados de 1832 a 1846), *Jornal de Variedades* (1835), *Relator de Novellas* (1838) e *Espelho das Bellas* (1841). Todos seguiam uma mesma linha editorial, tradicionalmente unilateral na pregação dos valores da época.

No século XIX, o perfil noticioso e publicitário era pouco desenvolvido no Brasil; os impressos para o público feminino eram especificamente voltados para o caráter opinativo, e apenas os relatos de viagem e anúncios de teatro eram o que havia de informativo. Nessa época, os periódicos serviam para combater o inimigo político.

> "Moda e literatura se uniam para criar uma espécie de necessidade temporal, uma de acompanhamento da narrativa, outra de 'atualização' com o que se usava na Europa. Ambas ligavam-se ao tempo, dando um certo caráter jornalístico às publicações – além do noticiário cultural, este sim, bastante

jornalístico. [...] A imprensa ainda da classe dominante, era a única que tinha voz no processo político." (BUITONI, 1990, p. 41)

Já no século XX, com o advento da industrialização, o crescimento das cidades e a chegada dos imigrantes, nota-se o primeiro grande avanço da instrução pública. As eleições e a formação da classe operária também interferiram no papel da imprensa e, por volta de 1914, surgiu a primeira grande revista brasileira fundada por uma mulher, Virgilina de Souza Salles, com o nome de *Revista Feminina*. Logo após, vieram inúmeras revistas, como *Marie Claire*, uma das mais antigas publicações femininas, lançada em 1937 na França, que parou de circular durante a Segunda Guerra Mundial e voltou a ser editada em 1954. No Brasil, a Editora Globo é a detentora da sua marca e comercialização. E a revista *Claudia*, lançada em 1961, um dos segmentos mais influentes, publicada pela Editora Abril.

Um dos artifícios em que a mídia impressa feminina se apoia para persuadir a leitora é a linguagem. Os textos das matérias e das propagandas são elaborados cuidadosamente, buscando uma cumplicidade na relação revista/leitora, fator que faz com que o veículo informativo chegue a se posicionar como "uma amiga e fiel conselheira".

As revistas apresentam também dicas de beleza e de amor, na tentativa quase subconsciente de transformar a leitora na "mulher-modelo". Já as frases são caracterizadas pelo discurso imperativo, como: "Perca dez quilos em dois meses", "Trabalhe, cuide da casa e ainda encontre tempo para ser feliz", entre outras. As estratégias interacionais se baseiam na vinculação publicitária e jornalística para criar o estigma da mulher moderna na comunicação estabelecida. Por meio da linguagem confunde-se quem é leitora e quem é revista, numa tentativa de aproximação que inverte papéis e molda comportamentos, sendo o objetivo principal o lucro dos anúncios dos produtos ali divulgados.

O discurso traz em seu conteúdo uma mensagem persuasiva dirigida às ações que devem ser tomadas pelas mulheres. O fato é que ao selecionar uma mídia que tenha uma linha editorial compatível com seus interesses pessoais, a mulher acredita que o veículo seja um reflexo de seus pensamentos e suas atitudes. Todavia, o que ocorre é uma via dualista; sua manifestação é o reflexo da mídia, cujo perfil é delimitado por meio de pesquisas de mercado e segundo as tendências comerciais e comportamentais em vigência.

Outra característica da linguagem utilizada pela mídia para a persuasão das mulheres se refere à didática dos textos produzidos. As revistas tendem a não complicar a vida da leitora, com termos ou conceitos de difícil compreensão. Essa prática é explicada por Adorno (apud COHN, 1989) na conceituação da indústria cultural – isto é, os meios de comunicação servem-se dos momentos de lazer para a alienação do indivíduo, momentos que devem existir apenas para diversão e não para a formação social e cidadã. A cultura, assim, torna-se algo fácil e deve ser vendida como mercadoria às massas no contexto de popularização dos assuntos, escondendo-se a verdadeira prática cultural que é a acessibilidade aos produtos por ela produzidos.

Nessa lógica, a comunicação impressa se torna um método mercadológico intimamente ligado à prática da didática dos textos produzidos que, por intermédio de informes publicitários, jornalismo de serviços e matérias vendidas extremamente claras e precisas, resultam na venda dos produtos de clientes, patrocinadores e apoiadores da mídia.

As fotos, a posição do texto e a escolha da formatação também são características trabalhadas pela comunicação persuasiva. O visual colorido e agradável oferece um dinamismo de apreensão rápida e descontraída na qual se busca o lazer e a fácil compreensão dos temas. O fato de a diagramação ser trabalhada com o perfil do entretenimento – muito papel para pouco texto: muitas cores, fotos, *boxes* e desenhos – favorece, por meio de renovações tipográficas, o exercício da interpretação.

Um exemplo é a confecção das revistas femininas com materiais de boa qualidade, promovendo alta durabilidade e rotatividade, condição que aumenta o número de potenciais leitoras por exemplar publicado. Ao contrário dos jornais, as revistas investiram no público-alvo feminino e conseguiram se definir como uma mídia de referência ao gênero.

> "A fotografia e o desenvolvimento das técnicas de impressão fizeram da imprensa feminina uma mídia cada vez mais visual. [...] Nas revistas e jornais do início do século, a foto conservava a linguagem de suas origens – desenho e pintura –, documentando estaticamente pessoas, ou determinadas cenas (inaugurações, formaturas, competições esportivas etc.). Somente mais tarde, a foto de imprensa vai tornar-se mais 'jornalística' ao incorporar o movimento, em parte por influência do cinema

e até dos quadrinhos, e também pelo progresso técnico, se bem que existam até hoje essas fotos tipo 'retrato', mesmo onde não haveria necessidade. Imagem/texto: essa, a dupla intimamente ligada dentro da revista, com mais atração ainda se for femini-na. A imagem vira texto, com séries de fotos construindo ver-dadeiras "frases visuais"; e o texto vira imagem quando recorre a figuras de estilo que nos fazem visualizar a pessoa ou a cena, ou sugerem emoções e sentimentos. O texto imagético, a ima-gem textual: um casamento que deu muito certo nas revistas, principalmente femininas." (BUITONI, 1990, p. 18 e 19)

Há uma carência de informação concisa relacionada à mulher na grande imprensa, e as revistas femininas, por trabalharem com periodicidade men-sal, não divulgam os acontecimentos factuais, como lançamentos de filmes, peças, cobertura de fóruns, campanhas preventivas, ou mesmo o acompa-nhamento das relações do governo para com a mulher brasileira. A cober-tura deve se adequar às certezas das manchetes; cabe então, nesse aspecto, a opção de entrevistar as personalidades da televisão, principalmente das telenovelas, pois não existem dúvidas de que nos próximos meses elas ainda serão motivo de atração e audiência.

De todas as características levantadas pela indústria cultural destinada à mulher, conclui-se que os desejos femininos estão subjacentes e fortemente interpretados por um grande anseio capitalista de aquisição de produtos e serviços, cujos artifícios tendem a promover a tríplice integração do bem-es-tar físico, social e familiar. Frente a essa linha de comunicação, o assunto saúde seguiu a tendência e igualmente atrelou sua divulgação aos valores incorporados à mulher. BUITONI (1990), comentando sobre saúde no início da comunicação impressa feminina, ressalta que o principal objetivo não era instruir a mulher sobre as principais mazelas sofridas pela época, mas sim informar a mãe responsável e dedicada sobre como cuidar de seus filhos e de sua família e preveni-los das doenças comuns.

Embora apareçam comumente na indústria cultural, as divulgações sobre saúde são anúncios e matérias que, em grande parte, direcionam-se à venda de cosméticos, tratamentos diversificados e terapias milagrosas. Ao sonegar informações importantes, de caráter preventivo, em detrimento dos novos aparelhos cada vez mais sofisticados e das técnicas mais modernas, a mídia deixa de cumprir seu papel de oferecer decisões com consciência.

Entretanto, existem motivos para concluir a omissão do assunto saúde nas divulgações femininas. Primeiro, porque escrever e anunciar sobre doenças não é um assunto de fácil análise, muito menos em governos com baixos índices de desenvolvimento e com insuficientes políticas públicas de saúde, como no Brasil. Segundo, porque a opção por uma linguagem de cumplicidade e amizade com as leitoras oferece soluções milagrosas e dicas para "alcançar a felicidade".

Portanto, ao optar por colocar na capa da revista, no rádio ou na televisão o sucesso e fama das celebridades, os veículos vendem um outro contexto de realidade às mulheres, tornando-se uma escapatória dos seus reais problemas e um convite ao mundo das ilusões. Entretanto, tratando-se do campo das doenças, temos uma cumplicidade às avessas: a linguagem das enfermidades não combina com o mundo idealizado pela indústria cultural.

Um exemplo interpretativo e didático comumente empregado nas mídias é o uso de desenhos, preferencialmente recorrido por ser menos agressivo e chocante. Por exemplo, utiliza-se o recurso para a temática do autoexame das mamas; porém, não se mencionam os tipos de cirurgia existentes, quais e onde serão os cortes, em quais casos é necessário retirar toda a mama ou como reconstruir os seios, planos de saúde, leis e direitos etc.

Embora um dos papéis dos veículos de comunicação seja a descrição minuciosa e a divulgação plena da veracidade dos fatos, não são constantes as abordagens adequadas nas divulgações dos principais entraves contemporâneos vivenciados pela mulher. Esse é o caso da área de saúde na abordagem da sociedade de massa: escassa de respaldos em informações concisas, cujos teores não relacionam os diferentes setores do Estado. Talvez, ao contrário, se a ação midiática fosse contínua e adequadamente trabalhada, certamente contribuiria mais com a diminuição nos gastos de prevenção das doenças.

Nas manifestações da indústria cultural voltadas às mulheres, espera-se dos meios cumplicidade na melhoria da sua qualidade vida e cobranças das incorporações de conceitos sobre as relações de gênero nas políticas públicas e nas críticas governamentais.

Por meio de ações determinantes na aceitação das diferenças e na garantia de mudanças comportamentais, faz-se necessário que haja menos destaque à ditadura da beleza, constantes compromissos com indivíduo e mais representatividade no que tange à realidade das diversidades de gênero. Dá-se nessa linha a luta contra a exclusão social, o favorecimento de campanhas de comunicação sobre saúde, cujas características devem visar à prática da defesa da garantia dos direitos humanos e de núcleos organizativos de empoderamento feminino.

A indústria cultural, por meio da propagação suprema dos cuidados em relação ao binômio saúde-beleza, divulga um caminho modulado de felicidade individual, ideais implícitos à lógica mercadológica e competitiva. Nesse aspecto, a concepção de saúde se confunde na sociedade de massa, especificamente nas comunicações dirigidas à mulher, com a venda de cosméticos, tratamentos diversificados e terapias prodigiosas. O excessivo apelo dos produtos de transformação corporal se embute no desligamento dos valores de emancipação feminina. A verdadeira abordagem sobre saúde da mulher, quando não é superficial, é mínima se comparada a outras tantas relacionadas ao consumo, o que justifica nas palavras de Del Priori (2000) a condenação das mulheres a ser apenas um corpo, o seu corpo.

CÂNCER DE MAMA NO BRASIL

2.1 Contextualização do câncer de mama

Atualmente, a representatividade simbólica do câncer alcança uma valorização igual ou superior ao seu grau de mortalidade ou sofrimento. Suas características se incorporam ao quadro de doenças da contemporaneidade. E alguns fatores emocionais e psicológicos se tornam elementos influenciadores do quadro clínico do indivíduo, principalmente, das práticas de ação e reação à doença.

As linguagens utilizadas para a designação da doença e as campanhas de comunicação com vistas à prevenção demonstram o quão significativo é atuar nos processos das mensagens educativas sobre o assunto. A enunciação aliada aos demais campos epistemológicos relacionados ao câncer oferecem elementos transgressores comportamentais, informações que em máximo grau de entendimento podem prevenir, curar e até erradicar a doença.

Na atualidade, a temática da doença está intimamente ligada à multidisciplinaridade de áreas, como medicina, estética, enfermagem, psicologia, literatura, comunicação, entre outras. Sendo assim, além da geração de empregos, da multiplicação de profissionais especializados no assunto, existem inúmeros institutos de pesquisa espalhados pelo mundo, e a cada ano surgem novas pesquisas cujas finalidades são: detectar potenciais produtos cancerígenos; apontar novas opções de tratamentos e prevenção; e traçar um panorama demográfico e estatístico dos índices de desenvolvimento da doença.

30 Comunicação, Gênero e Saúde · **Feldmann**

O crescimento dos estudos voltados para a doença, mais a mobilização de recursos para a criação de tratamentos e medicamentos, faz com que o câncer seja um fator de influência até no mercado econômico mundial. Inclusive, por meio de organizações não governamentais, instuições assistenciais e campanhas de incentivo à doação financeira ou ao trabalho voluntário,[1] a doença é também, hoje, um dos elementos-chave do crescimento da filantropia.

A OMS (Organização Mundial de Saúde), agência subordinada à ONU (Organização das Nações Unidas), que tem a missão de desenvolver ao máximo possível o nível de saúde de todos os povos, afirma:

> "Cancer is the world's second biggest killer disease, but one of the most preventable non communicable chronic diseases. Cancer killed 7.6 million people in 2005, three quarters of whom were in low and middle income countries. By 2015, that number is expected to rise 9 million and increase further to 11.5 in 2030."[2]

Na definição técnica do Instituto Nacional de Câncer (INCA), câncer é o nome dado a um conjunto de mais de 100 doenças que têm em comum o crescimento desordenado – maligno – de células que invadem os tecidos e órgãos, podendo se espalhar para outras regiões do corpo, o que configura o fenômeno da metástase. Dividindo-se rapidamente, essas células tendem a ser muito agressivas e incontroláveis, determinando a formação de tumores – acúmulo de células – cancerosos ou neoplasias[3] malignas.

Apesar de existirem algumas associações ao surgimento do tumor, como idade avançada, casos genéticos de parentes de primeiro grau que contra-

---

[1] No Brasil, a Lei nº 9.608/98 caracteriza como trabalho voluntário a atividade não remunerada prestada por pessoa física a entidade pública de qualquer natureza, ou a instituição privada de fins não lucrativos que tenha objetivos cívicos, culturais, educacionais, científicos, recreativos ou de assistência social, inclusive de mutualidade.

[2] Publicado em *WHO communications*: the world health organization's fight against cancer: strategies that prevent, cure and care. World Health Organization 2007.

[3] *Neoplasia* é o termo que designa alterações celulares que acarretam um crescimento exagerado dessas células, ou seja, proliferação celular anormal, sem controle e autônoma, na qual reduzem ou perdem a capacidade de se diferenciar, em consequência de mudanças nos genes que regulam o crescimento e a diferenciação celulares. A neoplasia pode ser maligna ou benigna (*neo* significa novo e *plasia* é relativo a tecido).

íram a doença, uso prolongado de terapias hormonais, anticoncepcionais, de álcool e tabaco, obesidade, ou mesmo exposição à radiação ionizante, o câncer de mama ainda possui uma origem desconhecida. Qualquer mulher é passível de desenvolver a doença e, apesar de não ser muito comum, homens também podem contraí-la.

Pela definição histórica, conforme Sommer (1976, p. 14) explica, a doença acompanha a evolução da medicina.

> "Milênios antes de Cristo a medicina egípcia reconhecia tumores na mama, embora fosse incapaz de diferenciar entre benignos e malignos. Os egípcios, normalmente, não se arriscavam a operá-lo. Cerca de 500 a.C., época em que a medicina grega e romana realizou suas maiores descobertas, se destacou o mau prognóstico de certos tumores da mama que apresentavam raízes. Estes deram origem ao termo CÂNCER, pela semelhança que apresentavam com o caranguejo marinho [...]. O cirurgião francês Jean L. Petit foi quem primeiro recomendou sua extirpação juntamente com as lesões mamárias que apresentassem raízes, pois as considerava como extensões destas."

No Brasil, o INCA é o órgão que realiza estudos e mapeamentos da incidência dos diferentes tipos de cânceres existentes, considerando todas as regiões do território nacional.

O grande problema dos índices de alta mortalidade de câncer de mama no Brasil é o fato de a doença ser descoberta tardiamente. No SUS (Sistema Único de Saúde), a prioridade atual é a realização do exame clínico da mama em mulheres que procuram o sistema de saúde por qualquer razão, especialmente aquelas na faixa etária de maior risco, e os mamógrafos disponíveis devem ser prioritariamente utilizados no diagnóstico de mulher com alterações prévias diagnosticadas no exame clínico.

Era comum divulgar-se que a faixa etária mais acometida pela doença variava dos 45 aos 55 anos. Porém, os dados estão mudando significativamente. No levantamento do INCA e da Fundação Oncocentro de São Paulo, órgão de apoio da Secretaria da Saúde para assessorar a política de Câncer no Estado, reuniram-se informações de 54 hospitais paulistas no ano de 2005, e o resultado mostrou que mulheres com menos de 40 anos já respondem por 15% dos casos de câncer de mama.

O INCA e o Ministério da Saúde publicam de dois em dois anos uma Estimativa sobre a Incidência de Câncer no Brasil. De acordo com os órgãos "a iniciativa é principal ferramenta de planejamento e gestão pública na área da oncologia, orientando a execução de ações de prevenção, detecção precoce e oferta de tratamento". Segundo a publicação de 2014, o câncer de mama é tipo mais frequente nas regiões Sul (71 casos/100 mil), Sudeste (71 casos/100 mil), Centro-Oeste (51 casos/100 mil) e Nordeste (37 casos/100 mil). Na região Norte é o segundo mais incidente (21 casos/100 mil), ficando atrás do câncer de colo de útero.

Nesse contexto, ao se considerar o câncer de mama como uma das doenças que mais atinge e aflige as mulheres no Brasil, a constatação de seu aparecimento é uma conjuntura bastante delicada para toda a população. Assim como as técnicas de prevenção e de tratamento necessitam de avanços tecnológicos, os valores sociais intrínsecos que a doença gera às mulheres também necessitam de estudos, análises críticas e desenvolvimento.

O INCA descreve a idade como o principal fator de risco do câncer de mama. O número de casos aumenta de forma acentuada após os 50 anos. "Sua ocorrência está relacionada ao processo de urbanização da sociedade, evidenciando maior risco de adoecimento nas mulheres com elevado nível socioeconômico".[4]

2.2 Mastectomia e a linguagem do câncer

Quanto às formas de manifestação do câncer de mama, na maioria dos casos, o primeiro sinal da doença é um pequeno nódulo[5] no seio. Porém, também existem outras evidências, como: mudanças de cor e tamanho, secreção nos bicos, ou mesmo uma ou mais lesões nas axilas.

O diagnóstico de câncer de mama acena com diferentes possibilidades de tratamentos, no caso de constatação do caráter cancerígeno do nódulo e de

---

[4] Disponível em: http://www2.inca.gov.br/wps/wcm/connect/agencianoticias/site/home/noticias/2013/inca_ministerio_saude_apresentam_estimativas_cancer_2014.

[5] Na ciência das doenças, a patologia, o nódulo corresponde a uma lesão sólida, elevada, com mais de 1 cm de diâmetro.

seu tamanho. Os mais conhecidos são a cirurgia conservadora – a *quadrantectomia* –, técnica que divide o seio em quatro partes e extrai apenas a parte do seio onde está localizado o nódulo, e a *mastectomia* – técnica cirúrgica que corresponde à retirada integral da mama e do músculo peitoral.[6]

Tanto a cirurgia conservadora quanto a mastectomia são geralmente acompanhadas pela retirada de nódulos linfáticos da axila. Esses nódulos são estudados para saber se foram invadidos ou não pelo tumor e, só depois, orienta-se para o tratamento complementar por meio de procedimentos, como radioterapia, quimioterapia ou hormonioterapia.

Esse contexto que caracteriza a situação de diagnóstico e tratamento provoca inúmeras reações no portador de câncer de mama, entre elas as representações simbólicas e figurativas da detecção de uma doença. As palavras relativas à doença são carregadas de fortes interpretações, como por exemplo maligno ou begnino, células invasoras, entre outras.

Susan Sontag (2002, p. 104), romancista, ensaísta e feminista, é uma das autoras que descreve o caráter linguístico das doenças, especificamente do câncer. Em sua obra *A doença como metáfora*, a autora explora o lado sentimental da doença; talvez pela sua própria vivência como portadora de câncer, sua obra se destaca pela análise da retórica e pela associação da imagem do câncer a importantes fatos históricos da contemporaneidade, como se observa no texto a seguir:

> "Descrever um fenômeno como um câncer é um incitamento à violência. O uso do câncer no discurso político estimula o fatalismo e justifica medidas 'severas', bem como reforça poderosamente a noção generalizada de que a doença é necessariamente fatal. Aqueles que desejam exprimir indignação parecem achar difícil resistir à tendência a usar a metáfora do câncer. O conceito da doença nunca é inocente [...]. Tróstki chamou Stálin de câncer do marxismo [...] John Dean explicou Watergate a Nixon: 'Temos um câncer – Junto à presidência – que está crescendo'."

---

6 Dados provenientes do *site* do INCA: www.inca.gov.br.

A escritora traça um paralelo entre a tuberculose e o câncer, explicando a diferença da terminologia e das associações feitas a cada uma das doenças. A tuberculose era poeticamente associada ao sofrimento da alma, algo como uma representação corporal metafórica dos sentimentos existentes frente à morte (SONTAG, 2002, p. 27).

> "Thoreau, que tinha tuberculose, escreveu em 1852: 'A morte e a doença muitas vezes são bonitas, como o brilho héctico da consumação'. Ninguém concebe o câncer de maneira como a tuberculose era concebida, como morte decorativa e, muitas vezes, lírica. O câncer é um assunto raro e ainda escandaloso na poesia. E é inimaginável que ele confira estética à doença."

Já o câncer, nas palavras da autora, é um fato totalmente brusco; não oferece margem à poesia, pelo contrário, o signo câncer é algo de difícil resolução. Sua analogia relaciona aspectos da doença à rotina militar ou a uma guerra. As representações da doença são, mesmo que subconscientemente, pejorativas e desestimulantes a seus portadores (SONTAG, 2002, p. 53).

> "As metáforas relativas às ideias de controle e comando, na realidade, não são tiradas da economia, mas da linguagem militar. Assim, as células do câncer não se multiplicam simplesmente; elas são 'invasoras'. (Os tumores malignos invadem até mesmo quando crescem muito 'lentamente', lê-se em um manual). A partir do tumor original, as células do câncer 'colonizam' regiões distantes do corpo, estabelecendo primeiro minúsculos postos avançados ('micrometástases') cuja presença é admitida, embora não possam ser detectados. Raramente as 'defesas' do corpo são suficientemente vigorosas para obliterar um tumor que estabeleceu sua fonte de suprimento de sangue e consiste em bilhões de células destrutivas. Por mais 'radical' que seja a intervenção cirúrgica, por maior que seja o número de 'explorações' feitas na paisagem do corpo, as remissões, em sua maioria, são temporárias. As perspectivas são de que 'a invasão do tumor' prossiga ou de que as células

defeituosas eventualmente se reagrupem e preparem um novo assalto ao organismo."

Como toda doença, tratar de um câncer é um obstáculo corporal, psicológico e, muitas vezes, também social. A discriminação pelo olhar do outro e as mudanças de vida após o diagnóstico da doença são confrontos a serem vencidos. Embora hoje a constatação da doença não seja mais significativamente assustadora e uma sentença de morte, adjunto a todas as problemáticas, a palavra câncer carregou-se de um significado que era oposto à esperança, como indicou Sontag (2002, p. 26):

> "De todas as teorias formuladas a respeito do câncer, só uma, na minha opinião, sobreviveu à passagem do tempo, a saber, a de que o câncer leva, através de estágios definidos, à morte. Com isso, quero dizer que o que não é fatal não é câncer. Daí podem concluir que eu não alimento nenhuma esperança de um novo método de cura do câncer, só dos muitos casos de doenças chamadas de câncer mas que, na realidade, são só assim chamadas."

Rose Kushner (1981) também foi escritora, portadora de câncer de mama e mastectomizada. Na década de 70, por meio de uma pesquisa realizada com outras 130 mulheres que sofreram a cirurgia, idealizou um centro de aconselhamento gratuito sobre câncer de seio – onde 7.000 mulheres buscaram apoio e registraram depoimentos – e publicou o livro *Por que eu? O que toda mulher deve saber sobre o câncer de seio*. A obra utiliza-se da compilação dos depoimentos das mulheres vitimadas pela doença, analisando estatísticas e descrevendo a opinião de especialistas da área médica e psicológica.

A pesquisadora (KUSHNER, 1981, p. 106) descreve diferentes aspectos da doença e, a princípio, o lado linguístico, a força das expressões verbais e textuais na rotina da mulher mastectomizada se destacam como um forte elemento causador de uma preocupação permanente na vida da mulher com câncer de mama.

> "A paciente deve ficar alerta, principalmente, para qualquer um dos sete sinais de perigo ou de risco para câncer:

C onstipação, diarreia ou mudança nos hábitos intestinais

U lceração ou feridas de difícil cicatrização

I dentificar secreções e perdas sanguíneas

D eve-se manter sob observação o aparecimento de nódulos nos seios ou em outros lugares

A zia, indigestão e dificuldades na deglutição

D escoloração ou alterações em verrugas ou manchas

O bservar o aparecimento de tosse ou rouquidão persistentes."

A mistificação da doença talvez decorra de algo intrínseco ao comportamento humano e culturalmente explicável. A comunicação e o uso das palavras estão sempre carregados de emoções e sentimentos, pois sendo a cultura formadora de valores e opiniões, as concepções de dor e prazer têm um caráter espacial e temporal. A atribuição do câncer a fatores externos protege o paciente da culpa, da autocrítica e de sentimentos de impotência.

> "Contudo, nessa época talvez ninguém mais queira comparar algo de terrível com o câncer. Uma vez que o interesse da metáfora deve-se precisamente a ela se referir a uma doença tão carregada de mistificação e da fantasia de inescapável fatalidade; uma vez que nossas opiniões sobre o câncer e as metáforas que lhe impusemos são um veículo das grandes insuficiências desta cultura, da nossa atitude superficial diante da morte, da nossa ansiedade com os sentimentos, das nossas reações temerárias e levianas aos nossos verdadeiros 'problemas de crescimento', da nossa incapacidade para construir uma sociedade industrial avançada que regule o consumo adequadamente, e dos nossos justificados temores do curso cada vez mais violento da história." (SONTAG, 2002, p. 107 e 108)

Hoje, considerando uma maior acessibilidade da sociedade aos meios de comunicação, as doenças seguem uma tendência cíclica na qual a metáfora das palavras representa o poder da discriminação em qualquer que seja a região estudada. Na visão pré-moderna da doença, como comenta Sontag, (2002, p. 53), o papel do caráter foi confinado ao comportamento da pessoa.

Mesmo que a doença não seja considerada um julgamento na comunidade, ela se torna um julgamento retroativamente na medida em que põe em movimento um inexorável colapso da moral e dos costumes.

2.3 Feminilidade, simbologia e a perda do seio

A partir do diagnóstico médico e da ciência dos procedimentos que deverão ser adotados, a mulher enfrenta um período delicado de tomada de decisões que certamente trarão implicações psicológicas. A constatação de um tumor, a decisão do tipo de cirurgia, os tratamentos de erradicação – radioterapia, quimioterapia e hormonioterapia – são diferentes etapas a serem vivenciadas pela mulher com câncer de mama.

A mastectomia consiste na mais dolorosa consequência para a paciente com câncer. As representações do seio perpassam por toda a trajetória da vida da mulher, desde a identificação com a mãe, quando a menina começa a conhecer sua feminilidade, até a amamentação, época do nascimento e acolhimento dos filhos, não esquecendo a sua importância nas relações sexuais e a representatividade simbólica e cultural no reconhecimento da atratividade e beleza do corpo feminino. Ao longo da História, as mulheres sempre tiveram orgulho de seus seios; por isso, através dos tempos, a vaidade sempre foi a armadilha de morte para a razão da luta por um diagnóstico e tratamento precoce do câncer de mama.

Rubia Zecchin (2004, p. 41) desenvolveu um trabalho clínico com mulheres mastectomizadas vinculadas ao Instituto de Ginecologia e Mastologia (IGM) do Hospital São Joaquim – Beneficência Portuguesa. Sua análise identificou nos relatos das pacientes aspectos que não tratavam apenas da dor física; pelo contrário, esta foi pouco comentada, mas sim sobre aspectos totalmente intrínsecos às dores psicológicas.

> "O mais evidente é a sensação de fragmentação no e do corpo, incluindo o si mesmo cortado pelo acontecimento, é como um tempo de existência sem identidade, isto é, aquela que fui, não sou mais, e não sei como ficarei, como estarei no mundo depois desta experiência. No entanto, em se tratando de uma cirurgia mutiladora, é indiscutível sua inserção tanto na ordem do corpo orgânico quanto na ordem do corpo/sujeito."

A perda e o luto são temas significativamente trabalhados dentro da área da psicanálise, e uma das razões para tal enfoque é o fato de a constituição do sujeito estar intimamente ligada à posse de objetos e pessoas. É comum o indivíduo identificar-se naquilo que possui ou com quem se relaciona. A ausência de algo tão próximo acarreta a dor da identificação pessoal, ou seja, a pessoa perde referências e certezas que conquistou durante o todo caminho da vida.

Em sua pesquisa, Freud[7] apud Zecchin (2004, p. 119) traça um paralelo da vivência cronológica do indivíduo com a relação de apego e a conquista de tudo que é manipulável e tocável: "As crianças gostam de expressar uma relação de objeto por uma identificação: 'Eu sou o objeto'. 'Ter' é o mais tardio dos dois; após a perda do objeto, ele recai para 'ser'. Exemplo: o seio. 'O seio é uma parte de mim, eu sou o seio'. Só mais tarde: 'Eu tenho' – isto é 'eu não sou ele".

Nas palavras da autora, ainda sob um raciocínio freudiano, a perda do objeto descaracteriza o indivíduo (ZECCHIN, 2004, p. 139):

> "Freud distingue, pois, dor psíquica de desprazer por seu caráter específico e de angústia, pelo alto nível de investimentos ligados da primeira, mas também porque esta é uma reação ante o perigo pela perda do objeto, enquanto aquela é uma reação ante a perda real. Quanto ao luto, para Freud, passamos pelo teste de realidade e o luto exige a separação, pois o objeto não existe mais. O luto é uma tarefa finita de elaboração de uma perda. Já a dor se refere a uma experiência que pode nos exigir de forma contínua, a princípio infinita, de trabalho psíquico. A perda do seio está circunscrita entre a dor e o luto."

Avaliando os enfrentamentos psicossociais e o instinto de sobrevivência após a detecção de um tumor, a decisão de se submeter à cirurgia é às vezes irreversível, pois é a única saída para a vida, caso contrário, o câncer se alastra para outras partes do corpo e a consequência final será a metástase. Porém, muitas mulheres preferem não realizar a mastectomia por medo da rejeição e a dificuldade de aceitação no meio social perante as outras mu-

---

[7] FREUD, S. *Achados, ideias, problemas*. ESB, 1941. p. 335.

lheres, amigas e/ou o parceiro/marido. Isso devido ao fato de a afirmação da feminilidade se concretizar no olhar do outro. Sentir-se bela e atraente é fruto da admiração e aceitação do próximo, e as características que fogem ao padrão de normalidade pertencem ao mundo dos diferentes.

A autoimagem e a feminilidade estão intrinsecamente ligadas ao mundo do convívio e das relações sociais, e por questões históricas a mulher não reivindicou seus direitos de igualdade, pois a luta pela sobrevivência acarretou diferentes ligações desta com o universo masculino. Para desenvolver seu papel na sociedade, coube à mulher aceitar as características de um ser atrativo e reprodutivo. Esses são os conceitos que Beauvoir (1970) utiliza para explicar a categoria de "segundo sexo" designada às mulheres. "A necessidade biológica – desejo sexual e desejo de posteridade –, que coloca o macho sob dependência da fêmea, não libertou socialmente a mulher."

Diante da imposição à mulher de ser atrativo e das características culturais do feminino, o aspecto físico e as cicatrizes da mastectomia trazem a perda da condição social da mulher, sendo esta esteticamente bonita quando seu corpo é atraente, e sua realização como mãe é concretizada no ato de parir e amamentar um filho.

Apesar de existir a possibilidade da reconstrução mamária logo em seguida à mastectomia, a sensação de artificialidade e agressão ao corpo humano não desaparece; para o uso do silicone, é necessário um constante acompanhamento médico, e depois de alguns anos de utilização, a troca do implante é imprescindível. Outro fator estético importante para a mulher é a perda dos pelos e cabelos acarretada pela quimioterapia, pois são marcas visivelmente mais aparentes do que as da cirurgia. A desconstrução da identidade pela lacuna concreta da mama é uma resposta ao sentimento original de ausência e castração de um referente identificatório como mulher.

Figuras 2 e 3 – Obras representativas de antigas manifestações artísticas de feminilidade e maternidade – "Venus", de Grimaldi. 23.000 a.C. e "Caridade", de Tino Camaino – século XIV

Fonte: Yalom, História do Seio, 1997.

Durante todas as mudanças corporais enfrentadas pela mulher mastectomizada, o sexo passa a ser uma atividade delicada, exigindo cuidados e compreensão do marido ou parceiro. Normalmente, mulheres solteiras ou viúvas tendem a enfrentar mais tabus na hora de relatar a situação aos homens. Todavia, o que de fato impede a liberação e satisfação sexual da mastectomizada é o seu próprio preconceito e a não aceitação da situação de mutilação.

Se a perda do seio é um tabu para a mulher e considerando a condição de fragilidade física, emocional e psicológica da mastectomizada, a identificação com o médico é uma luz na trajetória da erradicação da doença e um passo a mais na decisão da cirurgia. Isso porque o profissional da área já está acostumado com a situação da enfermidade, e assim não ocorrerá o olhar do sofrimento, da pena e da discriminação. Também porque grande parte da esperança da recuperação e da eliminação do tumor está na experiência e competência que lhe é atribuída. Zecchin (2004, p. 110) descreve que a vulnerabilidade do momento pode ser diminuída se houver confiança na relação médico-paciente.

"Como conversar com esta dor? Dor curiosa, pois o câncer é uma doença auto-imune, o que significa uma reação das células contra o próprio tecido. Algo dentro do corpo que age contra os tecidos mas contra si mesmo também, uma representação possível. Não deixa de ser uma máxima da fragilidade e da impotência. Ao mesmo tempo o câncer em si só pode ser retirado pelo médico, ponto em direção à intensidade transferencial a qual já me referi; tal qual a situação do bebê que depende de sua mãe para sobreviver. A paciente está com sua vida, como nos primórdios, na mão de um outro, o médico."

Figura 4 – "Primeiros tratamentos de raio-X para o câncer de mama", G. Chicot – 1908

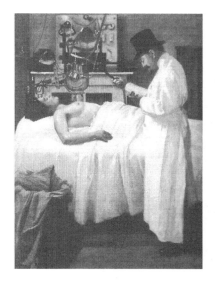

Fonte: Yalom, História do Seio, 1997.

A Figura 4 é analisada como um retrato antigo da situação das pacientes do século passado. Primeiramente, o fato de a presença médica ser sempre masculina, e segundo, porque as posições de verticalidade do homem e horizontalidade da mulher corroboravam o caráter de submissão e nervosismo da ocasião.

Porém, atualmente, mesmo com um relacionamento apropriado, não é possível exigir reações e todas as compreensões de ordem emocional dos profissionais da área médica. Até mesmo por uma questão de compromisso com o trabalho e não interferência nos resultados cirúrgicos, o médico deve se manter preparado para não assumir todas as responsabilidades relacionadas ao diagnóstico biológico do corpo humano. Intensifica-se em dado momento a necessidade de a paciente receber apoio de psicólogos, fisioterapeutas e, dependendo das condições financeiras, acrescenta-se também o respaldo da assistência social.

Porém, Zecchin (2004) defende que o sucesso na recuperação da doença está intimamente ligado à união e à não segmentação dos profissionais dos mais variados campos de trabalho. Os estudos médicos, a prevenção e a erradicação do tumor não competem a um único profissional. Permitir que a paciente tenha a possibilidade de escutar diferentes opiniões sobre algo que vai acontecer em seu corpo é uma tarefa que atravessa a situação da doença em si e oferece margem a uma discussão mais global sobre os entraves sociais da mulher.

As cicatrizes de ordem interna possuem um valor representativo significativamente maior do que as marcas da mutilação. O acompanhamento do corpo feminino no caso de um câncer de mama é de vital importância para o resgate da autoestima e, infelizmente, essa questão permanece atrelada às condições socioeconômicas femininas. É nesse momento que o atendimento de profissionais multidisciplinares se torna fundamental no desenvolvimento das políticas de saúde para a mulher, acrescentando-se também nesse rol de assistência o perfil do comunicador como um agente de divulgação responsável pelos fatos concretos da prevenção e erradicação da doença.

Figura 5 – "The hand", de Matuschka and Mark Lyon – 1992

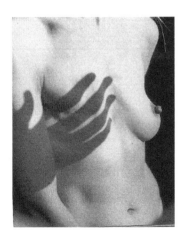

Fonte: Yalom, História do Seio, 1997.

2.4 Políticas e direitos sobre o câncer de mama

O câncer de mama é uma doença sem origens totalmente identificáveis, cujos estudos não comprovam com exatidão o surgimento da detecção. Embora se constate que algumas mulheres possuem maior probabilidade de contraí-lo, a preocupação com a sua prevenção é universal, independente de raça, cor ou modo de vida.

Diante da complexidade da doença, torna-se imprescindível a intensificação e democratização da informação, de modo que a sociedade usufrua e possa acompanhar o progresso da medicina, que tem avançado principalmente na área de cirurgia plástica – um fator positivo para a diminuição das marcas da mastectomia. Comparando a cirurgia realizada hoje com a que era feita há algumas décadas, é notável o aprimoramento dessa prática.

Poucas mulheres são informadas, mas atualmente as mastectomizadas possuem direito de comprar um automóvel 0 km com câmbio automático e direção hidráulica (essas medidas são necessárias, pois, no caso da cirurgia, perde-se parte da força no braço em razão de esvaziamento das glândulas axilares) com a isenção de impostos, como o IPI (Imposto Sobre Produtos Industrializados), ICMS (Imposto sobre Circulação de Mercadorias e Prestação de Serviços), IPVA (Imposto sobre a Propriedade de Veículos Automotores). Outra medida é a liberação para circulação em dias de rodízio municipal.

Conforme a Lei nº 9.797, de 6 de maio de 1999, o Estado dispõe sobre a obrigatoriedade da cirurgia plástica reparadora da mama pela rede de unidades integrantes do Sistema Único de Saúde (SUS), nos casos de mutilação, decorrentes de tratamento de câncer.

> "Art. 1º As mulheres que sofrerem mutilação total ou parcial de mama, decorrente de utilização de técnica de tratamento de câncer, têm direito a cirurgia plástica reconstrutiva.
>
> Art. 2º Cabe ao Sistema Único de Saúde - SUS, por meio de sua rede de unidades públicas ou conveniadas, prestar serviço de cirurgia plástica reconstrutiva de mama prevista no art. 1º, utilizando-se de todos os meios e técnicas necessárias."

Já no âmbito estadual, em São Paulo, segundo o Programa de Cirurgia Plástica Reconstrutiva da Mama, a informação direcionada para as mulheres com câncer de mama deve ser veementemente divulgada, seja no domínio público ou privado.

> "Art. 4º O Programa de Cirurgia Plástica Reconstrutiva da Mama será objeto de ampla divulgação no âmbito de todos os serviços de saúde, públicos ou privados.
>
> § 3º A Secretaria da Saúde deve envidar esforços para garantir que todos os profissionais da rede pública ou particular, que realizam tratamentos que podem ocasionar a mutilação parcial ou total da mama, recebam orientação sobre a existência do Programa e os locais onde o mesmo se realiza."[8]

Em contraponto a esses avanços e insistindo na necessidade de informação diante da seriedade das implicações decorrentes da doença, é assustador constatar que na década de 70, nos EUA, segundo Kushner (1981, p. 119), as mulheres portadoras de câncer de mama, submetidas a uma mastectomia, chegavam ao hospital para realizar uma biópsia – retirada de um fragmento de tecido do organismo vivo para o exame da natureza das alterações nele existentes – e, conforme o tamanho do tumor encontrado, a cirurgia era realizada na hora, sem o conhecimento da paciente. Diversas mulheres acordavam da anestesia sem um de seus seios, sem direito à escolha e muito menos à informação.

Ainda ponderando sobre os avanços nos tratamentos, a adoção da mastectomia parcial também é um ponto positivo. Hoje, não é mais necessária a mutilação total do seio. Caso o tumor ainda esteja em fase inicial, é possível realizar cortes parciais no seio, de modo que apenas uma parte tenha que ser reconstruída, ou seja, todo tecido da mama e os nódulos linfáticos da axila são removidos; contudo, os músculos peitorais ficam intactos. Mesmo as mulheres que sofreram cortes ou a retirada dos bicos do seio também podem contar com a reconstrução por meio da retirada de cartilagem de outras partes do corpo.

Porém, não se pode esquecer que a medicina é uma área em constante atualização. Para salvar vidas ou chegar a um resultado menos doloroso

---

[8] Dados provenientes da Assembleia Legislativa do Estado de São Paulo: <www.al.sp.gov. br>.

na rotina de pacientes, como é o caso das portadoras de câncer de mama, muitas hipóteses foram testadas e aplicadas nessa trajetória de pesquisas e práticas.

Fatos historicamente situados comprovam essa concepção da medicina em relação ao câncer. Para Kushner (1981, p. 129 e 130), a cirurgia era essencialmente voltada ao combate do câncer; mesmo que as probabilidades de desenvolvimento fossem mínimas, a mutilação era a única saída.

> "Durante décadas, os cirurgiões se recusaram a operar mulheres grávidas ou que estivessem amamentando. Argumentava-se que o câncer de seio é tão bem nutrido por hormônios durante a gravidez que a mulher grávida provavelmente morreria antes de o bebê nascer. [...] Quer o leitor ou a leitora acredite ou não, era uma prática cirúrgica comum (e não há muito tempo atrás), remover o segundo seio junto com o seio canceroso como 'profilaxia'. Para um cirurgião, talvez faça sentido. Mais ou menos um por cento das pacientes com câncer de seio tem também no outro seio um não detectado. Algumas vezes são até 'imagem no espelho', tumores achados exatamente no mesmo lugar em ambos os seios. Além disso, dez por cento das mulheres que tiveram câncer num seio, subsequentemente desenvolvem câncer no outro seio. Mas o câncer não pode crescer onde não há seio: assim sendo, alguns cirurgiões usavam defender a remoção rotineira do segundo órgão com mastectomia simples enquanto amputavam radicalmente o câncer maligno."

As mulheres aprendem sobre autoexame, biópsia, diferentes tipos de mastectomias, como se estes representassem o fim dos problemas do câncer de mama. Na verdade, a mastectomia simboliza o início de uma vigilância contínua que envolve a necessidade de exames periódicos. Para um bom acompanhamento do quadro clínico da doença seria de extrema relevância que a mastectomizada tivesse o apoio constante de postos de sáude.

Figura 6 – "Manifestação em São Francisco, EUA", de Reid S. Yalom – 1994

Fonte: Yalom, História do Seio, 1997.

As políticas públicas de saúde destinadas exclusivamente ao universo feminino favorecem o desenvolvimento de estudos analíticos sobre o corpo e as suas especificidades. No caso do câncer de mama, as campanhas se caracterizam como pioneiras, cujos resultados tendem a desmistificar e desconstruir a imagem estigmatizada que antigamente conceituava a mulher como simples reprodutora, considerando que poucos anos atrás as necessidades de consultas médicas aconteciam somente em casos ligados à gestação e procriação.

Segundo Pinotti (1998, p. 15), "O sistema tradicional de saúde considera a mulher importante apenas no exercício de sua função reprodutiva, isto é, quando ela está grávida." Apesar disso, a criação de órgãos voltados especificamente à saúde feminina, como o PAISM (Programa de Atenção Integral à Saúde da Mulher), é um avanço na medida em que as características físicas e psicológicas do gênero são reconhecidas como diferentes das masculinas, e o país se aproxima da atual definição da ONU na qual saúde é um bem-estar biopsicossocial.

A saúde pública deveria rever suas concepções e definições de políticas diante da gravidade do problema câncer de mama, uma vez que é muito mais promissor e econômico ao governo investir na conscientização da prevenção de doenças. Nas palavras de Pinotti, a educação na área da saúde é uma ferramenta de empoderamento do cidadão, método que além de reduzir futuros gastos, liberta-o da condição de leigo no assunto, fazendo com que o conhecimento seja um aliado na rapidez e funcionalidade das relações estabelecidas nos postos.

Desde a criação do SUS e do PAISM, a concepção de independência das práticas de assistência foi colocada em pauta. Tornou-se fundamental ao Brasil assumir, por parte de suas ações inclusivas, o investimento na área de saúde das mulheres e na garantia da preservação de seus direitos.

Analisando a forte incidência de câncer no Brasil, apenas as funções do SUS não seriam suficientes para o controle necessário. Instituiu-se, conforme a Portaria nº 2.439/GM de 8 de dezembro de 2005, a Política Nacional de Atenção Oncológica,[9] cujos objetivos são: promoção, prevenção, diagnóstico, tratamento, reabilitação e cuidados paliativos com a doença, sendo implantada em todos os Estados da Federação, respeitando as competências das três esferas de gestão.

Conforme a criação da PNAC e considerando a Constituição Federal, em seus artigos 196 a 200 – Leis Orgânicas da Saúde nº 8.080, de 19 de setembro de 1990, e nº 8.142, de 28 de dezembro de 1990, é importante para essa pesquisa explicitar alguns artigos, principalmente o primeiro e o segundo, que dizem respeito ao acesso e troca de informações com a sociedade sobre o câncer de mama.

> "Art. 2º Estabelecer que a Política Nacional de Atenção Oncológica deve ser organizada de forma articulada com o Ministério da Saúde e com as Secretarias de Saúde dos estados e municípios, permitindo:
>
> VII – contribuir para o desenvolvimento de processos e métodos de coleta, análise e organização dos resultados das ações decorrentes da Política Nacional de Atenção Oncológica, permitindo o aprimoramento da gestão e a **disseminação das informações;**

---

[9] Tanto a oncologia como a carciologia são estudos da medicina relativos a tumores celulares.

> VIII – promover intercâmbio com outros subsistemas de informações setoriais, implementando e aperfeiçoando permanentemente a produção de dados e a democratização das informações com a perspectiva de usá-las para alimentar estratégias promocionais da saúde.
>
> Art. 3º Definir que a Política Nacional de Atenção Oncológica seja constituída a partir dos seguintes componentes fundamentais:
>
> VII – Plano de Controle do Tabagismo e outros Fatores de Risco do Câncer do Colo do Útero e da Mama: deve fazer parte integrante dos Planos Municipais e Estaduais de Saúde.
>
> X – sistema de informação que possa oferecer ao gestor subsídios para tomada de decisão no processo de planejamento, regulação, avaliação e controle e **promover a disseminação da informação.**"[10]

Por meio da rede oncológica brasileira e do PNAC, o câncer pode ser tratado em hospitais capacitados pelo Ministério da Saúde. Existem as chamadas Unidades de Assistência de Alta Complexidade em Oncologia (UNACOM), que oferecem tratamento dos cânceres mais prevalentes e os Centros de Assistência de Alta Complexidade em Oncologia (CACON), com tratamentos para todos os tipos de cânceres.

Porém, a procura desses centros não deve ser o primeiro passo para uma pessoa que suspeita estar com câncer. Primeiramente, é necessário se apresentar nos serviços da rede básica ou da rede hospitalar geral. Caso os exames complementares notifiquem algum conjunto de sinais e sintomas, será imprescindível o apoio da rede oncológica. O câncer é uma doença que possui inúmeros sintomas e acomete diversos órgãos podendo causar confusão por parte dos pacientes. Entretanto, no caso do câncer de mama, existe o autoexame das mamas, que é feito pela própria mulher e pode auxiliar na detecção antecipada da doença.

Outro dado que muito dificulta a vida dos portadores de câncer é o alto custo da medicação necessária para tratamento. Esse é um dos fatores de

---

[10] Informações provenientes do *site* do Ministério da Saúde do Brasil: www.saude.gov.br.

atrito entre laboratórios, governo e pacientes, criando uma situação delicada e paradoxal. Se por um lado existem as falhas, filas e carências nacionais para o acesso a remédios, por outro existe a Constituição Brasileira que prevê acesso universal à saúde como um direito de todos e dever do Estado, assegurando, inclusive, o fornecimento de medicamentos mais caros.

Para tal problemática, entrou em vigor, no ano de 1998, a Política Nacional de Medicamentos, cujo objetivo é garantir segurança, eficácia e qualidade dos remédios, a promoção do uso racional e o acesso da população àqueles considerados essenciais – entendidos como indispensáveis para atender à maioria dos problemas de saúde da população. Os produtos da Relação Nacional de Medicamentos Essenciais (RENAME) devem estar continuamente disponíveis à sociedade e em constante processo de atualização. Enfatiza-se o conjunto de medicamentos necessários às doenças mais comuns segundo critério epidemiológico.

Quanto aos medicamentos de alto custo, como é o caso do câncer, o processo de recebimento é diferente, fora do âmbito das farmácias do SUS. Todo o processo está ligado aos cerca de 300 estabelecimentos de saúde prestadores de assistência oncológica espalhados pelos 26 Estados, em 128 municípios. A maioria deles é hospital geral com distinguida capacidade de prestar atendimento de alta complexidade e alguns são hospitais especializados em câncer, os CACON e UNACOM.

Segundo o INCA, em resumo, são esses os passos necessários para um paciente obter medicamento para câncer no SUS:

1. O paciente é atendido por médico em hospital ou clínica isolada de quimioterapia cadastrada no SUS para atendimento de pacientes com câncer.

2. O médico avalia e prescreve o tratamento indicado, conforme as condutas adotadas nesse hospital ou clínica.

3. O paciente é submetido ao tratamento indicado, inclusive recebe do hospital ou clínica os quimioterápicos que irá tomar em casa, por via oral.

4. O médico preenche o laudo de solicitação de autorização para cobrança do procedimento no SUS e o encaminha ao gestor

local, que pode ser uma secretaria municipal ou estadual de saúde.

5. O gestor autoriza a cobrança conforme as normas vigentes do Ministério da Saúde e fornece ao hospital ou clínica um número de APAC.[11]

6. O hospital ou clínica cobra do SUS no final do mês o valor mensal do respectivo tratamento.

7. O SUS paga ao hospital ou clínica o valor tabelado relativo ao procedimento.

Há de se levar em conta os obstáculos para o recebimento desses medicamentos. Primeiro, o período de consentimento para a fabricação – o tempo para a aprovação de um remédio. Segundo, aprovado o medicamento, o laboratório responsável pela produção encaminha um pedido de comercialização à Agência Nacional de Vigilância Sanitária (ANVISA), com uma sugestão de preço. Ao final, começa então o debate polêmico sobre a viabilidade econômica do remédio, podendo, oportunamente, em altíssimo grau, ser finalizado igualmente ao caso ocorrido em maio de 2007, quando o governo brasileiro quebrou a patente de um medicamento usado no combate ao vírus HIV.[12]

Ponderando sobre todos os motivos relacionados às questões do câncer, desde os políticos até o aumento das incidências, cada vez mais a expectativa pela diminuição dos números de casos de portadores da doença está na autodetecção ou na alternância dos hábitos de vida da pessoa. Para um câncer de pele condena-se a massiva exposição à luz solar; para o de pulmão, o vício do tabagismo e para o câncer de mama, aposta-se no autoexame das mamas.

Essa condição do indivíduo de ser responsável pelas suas enfermidades é discutida por alguns estudiosos que condenam o peso e a transferência da culpa pela aquisição do câncer. A publicidade, quando não bem trabalhada, pode também ajudar a tornar uma advertência em responsabilidade pessoal.

---

[11] APAC corresponde ao documento de Autorização de Procedimentos de Alta Complexidade/Custo do Ministério da Saúde do Brasil.

[12] No dia 4-5-2007, foi realizada a quebra da patente do medicamento Efavirenz, produzido pelo laboratório norte-americano Merck Sharp & Dohme, usado no combate ao vírus HIV.

Nas palavras de José Gomes Temporão (1986, p. 147), as emissões das mensagens públicas de prevenção do câncer individualizam e restringem o processo da doença ao cidadão.

> "São comuns principalmente veiculadas pelos jornais, matérias 'preventivistas'. A Sociedade Brasileira de Cancerologia é frequentadora assídua dos jornais, com matéria em que alerta o leitor para os perigos do câncer e como proceder para se 'proteger'. Ou seja, de início individualiza todo o processo de produção dessas doenças e coloca como de responsabilidade do indivíduo assumir um risco maior ou menor em adoecer."

Uma chance para a detecção precoce e erradicação do tumor acontece por meio da mamografia – radiografia especial feita em aparelhos específicos com a finalidade de detectar qualquer alteração nas mamas.

Mas a mamografia no Brasil ainda permanece como um recurso inacessível para as classes econômicas menos privilegiadas. Os números seguem melhorando, mas ainda são baixos para atender toda a população feminina nacional. Segundo os dados da Pesquisa Nacional por Amostra de Domicílios (Pnad) referente ao ano de 2008, realizados pelo Instituto Brasileiro de Geografia e Estatística (IBGE), 31,6 milhões de mulheres com 25 anos ou mais de idade já realizaram, ao menos uma vez, o exame de mamografia. Entre as mulheres no grupo dos 50 aos 69 anos, 71,1% fizeram o exame. Em 2003 os números eram piores: metade das mulheres do nosso país com mais de 50 anos jamais tinha sido submetida a uma mamografia.

Da realidade da doença surge o processo de criação das campanhas de prevenção que visam despertar interesse no maior número possível de pessoas. No caso do câncer de mama, a persuasão se caracteriza como pioneira na área da saúde feminina, pois assume as especificidades do corpo da mulher, desconsiderando o antigo padrão exclusivo aos assuntos reprodutivos. Todavia, considerar uma doença como um fator positivo para as mulheres terem acesso às consultas médicas é uma emancipação às avessas dentro da contextualização das conquistas de gênero.

O autoexame, a mamografia e o exame clínico das mamas demonstram-se como etapas inerentes ao processo de reconhecimento de direitos da saúde pública feminina, cujas práticas deveriam ser realizadas por todas as mulheres, tendo ou não o diagnóstico da doença. Os índices de incidência aumentam, as políticas tornam-se estratificadas e o diagnóstico da doença é universal. Nesse cenário carente de informações, o câncer de mama torna-se objeto das iniciativas da comunicação de massa realizadas por meio de campanhas preventivas, podendo assumir proporções educativas, reivindicativas, colaborando com o processo de empoderamento histórico feminino.

A CAMPANHA DO IBCC

3.1 Breve análise da comunicação da campanha

"O homem é um ser que criou a si próprio ao criar uma linguagem."

Octavio Paz

O estudo da semiótica abrange desde o interesse da Filosofia ao campo da Comunicação e define-se, entre outras análises, como uma investigação da descrição dos fenômenos transformados em linguagem. Saberes distintos se apropriam da ciência lógica do estudo dos signos para entender a realidade humana com todos os seus referenciais simbólicos. Nesse campo cuja meta é decifrar, seus estudos têm por base aplicar conceitos da fenomenologia, analisando processos históricos e culturais.

Na análise adotada neste livro, utilizou-se a linha semiótica peirceana, que tem sua base nos estudos de Charles Sanders Peirce (1839-1914), com referências ao seu conceito da tríade dos signos.[1] Os fundamentos e representações interpretativas são estudados a fim de entender as noções de produção de significados e, consequentemente, da semiose comunicativa. San-

---

[1] Além da semiótica peirceana há outras correntes de estudos sobre a natureza dos signos. As mais recorrentes atualmente são semiótica greimasiana, de Algidras Julien Greimas (1917-1992), e a semiótica da cultura, de tradição russa, com seus precursores Mikhail Bakhtin (1895-1975) e Roman Jakobson (1896-1982).

taella (2004 p. 51) afirma que: diante de qualquer fenômeno, isto é, para conhecer e compreender qualquer coisa, a consciência produz um signo, ou seja, um pensamento como mediação irrecusável entre nós e os fenômenos.

Para a autora isso já alcança o nível do que chamamos de percepção. "Perceber não é senão traduzir um objeto de percepção em um julgamento de percepção, ou melhor, é interpor uma camada interpretativa entre a consciência e o que é percebido."

Já Teixeira Coelho Netto, ao explicar a semiótica peirceana, define o conceito de signo e de suas unidades formadoras de uma relação triádica da seguinte maneira:

> "Um signo (ou um *representamen*), para Peirce, é aquilo que sob algum aspecto representa algo para alguém. Dirigindo-se a essa pessoa, esse primeiro signo criará na mente (ou semiose) dessa pessoa um signo equivalente a si mesmo, ou eventualmente, um signo mais desenvolvido. Este segundo signo criado na mente do receptor recebe a designação de *interpretante* (que não é o intérprete), e a coisa representada é conhecida pela designação de *objeto*." (1980, p. 56)

Figura 7 – Elementos da tríade semiótica

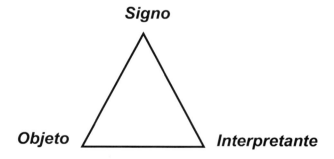

Na investigação para um melhor entendimento do conceito de objeto, há que se levar em consideração seus dois tipos existentes: o imediato e o dinâmico, cujas naturezas são diferentes, dependendo de o signo ser um ícone, um índice ou símbolo. Em termos gerais, o imediato é tal como está apresentado no signo e o dinâmico é o que está fora do signo.

Um dos pontos-chave dessa ciência dos signos é a capacidade de categorização dos seus diferentes significados, pois, sendo considerados signos palavras, sons, símbolos, índices, entre outros, com cadeias de representações infinitas, a semiótica torna-se uma teoria básica para a compreensão da heterogeneidade nos processos de transmissão dos códigos humanos e suas transformações.

> "O longo curso do tempo (*the long run*, diria Peirce) sempre demonstrará que aquilo que foi tomado como completo não passava de apenas um dos aspectos parciais do objeto, visto que este, na sua inteireza ou totalidade não pode ser capturado nas malhas dos signos. Por mais que a cadeia sígnica cresça, o objeto é aquilo que nela sempre volta a insistir porque resiste na sua diversidade." (SANTAELLA, 2004, p. 31)

Santaella (2006, p. 25) há anos decifra e traduz a vasta obra de Peirce, em boa parte ainda inédita. "O que Peirce na realidade postulava, como base do seu pensamento era a teoria do crescimento contínuo no universo e na mente humana. 'O universo está em expansão' dizia ele, 'onde mais poderia ele crescer senão na cabeça dos homens?'"

Qualquer coisa que decorra do universo humano produz um efeito na mente, que é o signo. Este, por sua vez, se refere a um segundo elemento, o objeto, algo visto, palpável, descritível ou sensitivo que só aparece num momento secundário. A precedência lógica é do signo, mas a anteposição real é do objeto. Sendo assim, somos seres primeiramente decifradores de signos, para moldarmos nossa percepção e, por última consequência, nossas atitudes. Para a autora, "é preciso levar em conta que o efeito que a mente produz não precisa ser necessariamente racional. Pode ser da ordem de uma reação puramente física, ou então, pode ser um mero sentimento com toda a evanescência que é própria de um sentimento."

Para Peirce, existem três distintas categorias do pensamento e da natureza, afirmando que a vida se desenvolve por meio da interação dialética entre a eventualidade e o desígnio; sendo assim, o homem significa tudo o que o cerca numa concepção triádica: Primeiridade, Secundidade e Terceiridade. De um modo mais simples e geral, é possível entendê-las segundo a explicação de Santaella:

> "A 1ª corresponde ao acaso, originalidade irresponsável e livre, variação espontânea; a 2ª corresponde à ação e reação dos fatos concretos, existentes e reais, enquanto, a 3ª categoria diz respeito à mediação ou processo, crescimento contínuo e devir sempre possível pela aquisição de novos hábitos. O 3º pressupõe o 2º; o 2º pressupõe o 1º; o 1º é livre. Qualquer relação a três é uma complexidade de tríades." (2006, p. 39)

A Primeiridade é a qualidade da consciência imediata; refere-se a tudo o que está imediatamente presente na mente no momento presente de uma primeira análise. Algo primeiramente original, espontâneo e livre, precedente de toda síntese e diferenciação. A Secundidade se define nas reações em relação ao universo, a corporificação material da leitura dos signos, a discriminação. Já a Terceiridade corresponde à camada de inteligibilidade por meio da qual se interpreta o mundo; é a fase da generalização.

Na teoria peirceana, existem também três tipos de signos. O ícone, uma representação de proximidade sensorial ou emotiva entre o signo, uma reprodução do objeto, como por exemplo: os bonecos e desenhos ou as fotografias e pinturas. O índice é a significação de um todo obtido pela pré-experiência subjetiva ou pelo legado cultural que determina conclusões, por exemplo: onde há fumaça, logo há fogo. É um sinal, e nesse sentido, estabelece uma relação de causa e efeito. Já o símbolo estabelece uma relação convencionada; é estritamente utilizado para representar algo entre o signo e o objeto, por exemplo: o termo *cadeira*.

> "Concluindo: se o ícone tende a romper a continuidade do processo abstrativo, porque mantém o interpretante a nível de primeiridade, isto é, na ebulição das conjecturas e na correlação das hipóteses (fonte de todas as descobertas); se o índice faz parar o processo interpretativo no nível energético de uma ação como resposta ou de um pensamento puramente constatativo; o símbolo por sua vez, faz deslanchar a remessa de signo a signo, remessa esta que só não é infinita, porque nosso pensamento, de uma forma ou de outra, em maior ou menor grau, está inexoravelmente preso aos limites da abóboda ideológica, ou seja, das representações de mundo que nossa historicidade nos impõe." (2006, p. 68 e 69)

A princípio, a interpretação da natureza humana e o processo mental que ocorre na percepção do indivíduo, quando iniciada a recepção das mensagens comunicativas até a formação de suas atitudes, é um estudo semiótico. Ao se analisar por meio da capacidade contemplativa um determinado signo para se chegar às suas cadeias de representações, é necessário desmembrar primeiro a cadeia sígnica. Feito esse exercício, surgem as noções de segmentação e significação e as diferenças que convergem para o estado de observação (secundidade) e generalização (terceiridade) dos signos.

A primeira consideração da semiótica adaptada ao campo da comunicação é a capacidade do indivíduo de contemplação, distinção e generalização do signo estudado. Essas são as atividades iniciais de desenvoltura para um olhar capacitado dos referenciais estudados, sendo que, quando assumida a prática dessas três capacidades, é possível entender o signo de maneira mais abrangente. Segundo Perez (2004, p. 150): "Quando percebemos diferenças saímos do estado contemplativo e entramos no estado de observação, direção guiada a um fim. A generalização está ligada à aptidão de disseminar as observações feitas no signo e estendê-las em categorias globalizantes."

Diante de qualquer fenômeno, perante o conhecimento e compreensão de qualquer ocorrência, a consciência produz um signo, ou seja, um pensamento como mediação entre o indivíduo e os acontecimentos. Pode-se denominar essa prática de percepção a tradução de uma camada interpretativa entre a consciência e o que é percebido.

> "Digamos então para os propósitos da lógica, qualquer coisa deve ser classificada sob a espécie da percepção quando, num conteúdo qualitativo positivo, forçar-se sobre nosso conhecimento sem qualquer razão. Haverá um campo mais vasto de coisas que compartilham o olhar da percepção, se houver qualquer material cognitivo que exerça uma força sobre nós, tendendo a nós fazer reconhecê-lo, sem qualquer razão adequada." (SANTAELLA, 1998, p. 57 e 61)

Na visão peirceana de percepção, existe a criação de uma teoria triádica sob dominância da secundidade, ou a segunda categoria fenomenológica que diz respeito à reação e interação do indivíduo com seu signo. Por isso, para Peirce, a percepção está em constante interação com a ação e memória.

Nessa linha de raciocínio, para Santaella (1998), Peirce conseguiu ir além da evidência dualista de percepção. Primeiro, porque ele não concebia a separação entre percepção e conhecimento, pois acreditava que toda cognição começava na percepção e terminava na ação deliberada. Segundo, porque tanto a cognição como a percepção seriam inseparáveis das linguagens através das quais o homem pensa, age e se comunica. Ou seja, a partir dessas afirmações, entende-se que a teoria peirceana da percepção possui total respaldo na sua teoria geral dos signos e vice-versa, explicando logicamente os fundamentos das significações humanas por uma inteligência científica. Em suas afirmações:

> "Penso que a teoria da percepção Peirceana tem um grande papel a desempenhar para estabelecer a ponte necessária entre as pesquisas mais empíricas e os fundamentos filosóficos. Isso só lhe foi possível porque ele foi o primeiro filósofo, também lógico e cientista, a trabalhar diretamente sobre a ponte de ligação entre os fundamentos e a empiria, ponte esta que só pode ser encontrada na linguagem ou universo dos signos. De fato, é naquilo que diz respeito especificamente à percepção que a afirmação acima soa ainda mais provavelmente verdadeira, visto que são os signos, é a linguagem a única e grande forma de síntese de que dispomos para a ligação entre o exterior e o interior, entre mundo lá fora e o que se passa dentro deste mundo interior, que segundo Peirce, nós egoisticamente chamamos de nosso." (1998, p. 30)

A concepção que a autora define como dualista diz respeito à ênfase que a percepção coloca no mundo exterior e no agente psicológico, dentro de uma perspectiva cartesiana. Por meio da leitura e contrapondo os diversos autores que estudaram Peirce e sua teoria triádica da percepção, ela explica os diferentes conceitos sobre o termo e a sua visão final dos fatos. Grande parte de sua dedicação é também para esclarecer o básico das relações perceptivas, como a concepção do percepto, que é o que está fora e extrínseco a nós e os julgamentos de percepção – interpretação do percepto.

Alguns autores citados pela autora classificam Peirce como ambíguo nas suas definições de percepto e, por essa razão, os próprios estudiosos trazem novas significações sobre os elementos-chave da teoria da percepção, com variantes de nomenclaturas e interpretações distintas, como no caso *perci-puum*, algo definido por Peirce como o lado mental do objeto.

Feitas as recorrências aos devidos intérpretes de Peirce, o foco com a semiótica nunca é perdido; então, Santaella volta a inferir sobre a categoria de secundidade, classificando o objeto dinâmico como o percepto e o objeto imediato como o julgamento de percepção.

> "O que é preciso reter é que o percepto é sempre forasteiro, no sentido de que se força sobre nós, é exterior a nós, sem qualquer passaporte de legalização, preenchendo os requisitos daquilo que Peirce chamava de existente, que não precisa ser necessariamente um objeto físico [...]. Ora se o percepto é aquilo que se força sobre nossa atenção, batendo à porta de nossa apreensão, e o percipuum corresponde ao percepto tal como ele é imediatamente interpretado no julgamento de percepção, então, a apreensão do percepto no percipuum, ou melhor, o modo como o percepto, o que está fora, se traduz no percipuum, aquele que está dentro, deve evidente e logicamente, se dar de acordo com três modalidades: primeiridade, secundidade e terceiridade." (SANTAELLA, 1998, p. 57 e 61)

Dadas todas as explicações, a tríade semiótica se aplica nos fundamentos da percepção quando o percepto – cuja origem é aquilo que está fora e se apresenta aos sentidos – está funcionando como objeto dinâmico, algo que está fora do signo.

Portanto, nessa teoria, o indivíduo nunca está separado dos julgamentos que ele produz no ato perceptivo. Essa análise é a primeira noção que elucida a tríade semiótica com a captação do signo. O segundo elemento ou objeto dinâmico é o percepto, aquele que se força sobre a atenção. Portanto, a última comparação que falta é a do interpretante, elemento básico da composição da tríade, e este, na concepção de Peirce, é o *percipuum*, que corresponde ao percepto tal como ele é imediatamente interpretado no julgamento de percepção.

Santaella (1998) conclui que a percepção é o processo mais privilegiado para colocar na frente do pensamento os três elementos de que o humano é composto: o físico, o sensório e o cognitivo: "se, de um lado, a inserção da percepção no diagrama lógico da semiose ajuda a esclarecer a noção de objeto do signo, de outro, a leitura da percepção à luz da tríade semiótica ajuda a esclarecer a percepção ela mesma" (2004, p. 48).

Do universo perceptivo dos estudos semióticos são extraídos fundamentos para uma interpretação do amplo espectro dos sistemas de signos que as análises tornaram como objetos, como por exemplo, nas análises sobre mídia, publicidade, arte, vídeos, literatura. Como afirma a autora (2005, p. 208): "A maioria das estratégias manipuladoras da informação pictórica nos meios de comunicação não são falsificações diretas da realidade expressa de maneira assertiva, mas manipulações através de uma pluralidade de modos indiretos de transmitir significados."

3.2 Linguagem do câncer de mama

Aplicando as categorias universais na sua própria concepção de signo, Peirce designou uma rede de classificação de tipos de signos, sendo que o signo sozinho pode estar na primeiridade (quali-signo), na secundidade (sin-signo) ou na terceiridade (legi-signo). Dependendo da sua relação com o objeto pode ser um ícone, índice ou símbolo. A relação entre o signo e o interpretante determina os signos do tipo rema, dicente e argumento.

Tabela 1 – Divisão dos signos na semiótica peirceana

	Divisão dos Signos		
Categoria	Signo em relação a si mesmo	Signo em relação ao objeto	Signo em relação ao interpretante
Primeiridade	quali-signo	Ícone	Rema
Secundidade	sin-signo	Índice	Dicissigno
Terceiridade	legi-signo	Símbolo	Argumento

Fonte: Coelho Teixeira (1980, p. 62).

Segundo Perez (2004, p. 155), na *primeiridade*, os signos ainda estão em possibilidades qualitativas; são observados nas suas propriedades internas, nos aspectos sensórios chamados de quali-signos, tais como, linguagem visual, cores, linhas, formas, texturas, brilho, movimentos. "Trata-se das primeiras impressões que um signo é capaz de despertar sem entrarmos no nível da interpretação. Poderíamos classificar como a impressão que um signo é dotado e é capaz de gerar – exemplo – vermelhidão, grandeza, brilho etc."

Na *secundidade*, os signos são mais contundentes, analisados como existentes concretos em seus modos particulares. Algo que existe aqui e agora em um específico contexto. "Quando analisamos as mensagens na sua perspectiva convencional, no seu caráter geral de algo que pertence a uma determinada classe de coisas, estamos analisando os legi-signos." Finalmente, na *terceiridade*, os signos passam do concreto à abstração. O símbolo é uma associação arbitrária; não depende de semelhanças ou vinculações com seu objeto.

O signo câncer de mama, por si só, já é de alto poder simbólico há milênios; porém, devido ao crescimento da doença no século XXI, hoje, seus referenciais e interpretantes atingem maior grau de impacto comportamental.

Como já comentado anteriormente, as representações simbólicas e figurativas da linguagem contemporânea, as palavras relativas à doença, são carregadas de fortes interpretações, como, por exemplo, *maligno* ou *benigno*, *células invasoras*, entre outras.

O caráter linguístico das doenças, e especificamente do câncer, assume um contexto metafórico e automaticamente pesado conforme as associações estabelecidas entre vida e morte, levando-se em consideração as perdas e ganhos das pacientes com a retirada do seio. Ou seja, como são enfrentadas as questões como a "perda da feminilidade" e as dificuldades das pacientes na relação com os amigos e parentes, seus problemas relacionados ao emprego, entre outros.

Na visão semiótica, é possível entender que a palavra câncer associada à proliferação de qualquer malefício, não necessariamente a enfermidades, é usada em diferentes contextos da linguagem da comunicação humana. Os objetos de estudo encontram-se nos jornais, em discursos políticos e na mídia em geral. Na área da comunicação, a tendência é notável, pois, apesar de descrever de uma maneira bem mais sutil, prioriza o discurso do "combate" à doença, com ênfase menor na quebra dos estigmas de aceitação da adversidade da contração.

Dessa malha de signos gerada pelas palavras câncer de mama, é possível ligar as partes mais conhecidas do que Peirce estabeleceu ao dividir a rede triádica de todo e qualquer signo, relacionando-as com a hierarquização dos elementos formais. A ligação entre a divisão e a categorização dos signos e a doença ficaria da seguinte maneira:

- Primeiridade – Quali-signo: a qualidade livre do signo: o tumor.

- Secundidade – Sin-signo: qualidade de ação e reação dos fatos concretos – representações físico-emocionais da doença – contexto.

- Terceiridade – Legi-signo: qualidade de medição, processo de crescimento contínuo do signo – morte ou vida.

3.3 O Câncer de Mama no Alvo da Moda

O Instituto Brasileiro de Controle do Câncer (IBCC) foi fundado[2] em 1968. Segundo dados divulgados pela instituição, somente no ano de 2012, realizou 95.080 consultas, 7.094 cirurgias, 6.160 internações, 13.393 mamografias, 21.383 ultrassonografias, 10.747 tomografias computadorizadas, 17.844 aplicações de quimioterapia e 32.474 sessões de radioterapia. Seu hospital é referência para a saúde feminina na área de tratamento dos cânceres de mama e ginecológico, os quais representam 60% do total de sua demanda. Anualmente, o IBCC realiza em média 3.658 cirurgias de ambos os cânceres.

A divulgação do IBCC é realizada por uma forte campanha nacional: O Câncer de Mama no Alvo da Moda. A iniciativa consiste na captação de recursos para venda de edições limitadas de camisetas, cujos modelos apresentam um logotipo azul em forma de circunferências, formando um alvo. O símbolo foi desenhado pelo estilista de roupas norte-americano Ralph Lauren, e todos os anos é atualizado e modificado.

---

[2] Os fundadores do IBCC, os Professores Doutores João Sampaio Góes Jr. e João Carlos Sampaio Góes, foram os responsáveis pela instalação do primeiro mamógrafo que funcionou no Brasil. Disponível em: www.ibcc.org.br.

Figura 8 – Identidade visual da marca O Câncer de Mama no Alvo da Moda

Apesar de ter sido criada nos EUA, foi no Brasil que a campanha tomou proporções significativas, desenvolvendo ações de marketing como a Corrida e Caminhada Contra o Câncer de Mama.[3] Além desse evento, também há o investimento na venda de produtos licenciados, com artigos comercializados e o prêmio IBCC de jornalismo, cujo intuito é estimular as pautas sobre o tema. A São Paulo Fashion Week é uma das parcerias da campanha, quando em desfiles de moda anuais, seu símbolo é redesenhado e levemente modificado para exibir um caráter mais contemporâneo, conquistando assim uma constante atualização no mercado.

Os números divulgados sobre a arrecadação e o crescimento da campanha desde a idealização em 1995 até o momento são de 850 modelos de camisetas com mais de 8 milhões de vendas. Segundo o instituto o valor arrecadado com a campanha é de aproximadamente 57,5 milhões de reais. Parte do valor total é destinada para custear os tratamentos dos pacientes do IBCC e contribuir com as obras de ampliação do hospital. "Desde 1995, o complexo hospitalar do IBCC cresceu 14.300 m^2."[4]

Segundo o *site* do instituto, em 18 anos, a campanha O Câncer de Mama no Alvo da Moda já arrecadou mais de R$ 76 milhões.

---

[3] A Corrida e Caminhada Contra o Câncer de Mama é uma ação integrante da campanha O Câncer de Mama no Alvo da Moda; configura-se como um evento de arrecadações financeiras em prol do IBCC, reunindo empresas, hospitais e comunidade.

[4] Disponível em: http://www.ibcc.org.br/indexSite.htm.

Alguns números disponibilizados:

- mais de 400 artistas participantes;
- mais de 100 empresas-parceiras;
- são 49 edições da Corrida e Caminhada Contra o Câncer de Mama;
- as corridas passaram por 12 cidades brasileiras;
- foram mais de 250 km percorridos por mais de 125 mil participantes.

A utilização de pessoas famosas é a principal característica de persuasão da mensagem desenvolvida na campanha do IBCC. Uma definição com vistas à identificação da receptora com o produto/causa comunicado, o que, segundo Perez (2004, p. 134), oferece uma qualidade de fenômeno extensionista e de caráter exibitório da marca. Ou seja, ao se trocarem conceitos de marca e produto, pode-se determinar mais visibilidade para as personagens do que para a luta contra a doença.

> "A desmaterialização do consumo tornou a noção de produto intangível cada vez mais vaga e profunda. As práticas de consumo são mais e mais impregnadas de instâncias simbólicas e sócio-culturais. De valor *ajoutée* do produto, o objeto de troca é o sentido." (2004, p. 134)

Essa significação advém das novas tendências da cultura contemporânea, carente de ideologias, quando marcas se tornam substitutas de crenças e valores humanos, como comentou Bosi (2000, p. 142) em suas pesquisas sobre o uso e a vanglória dos heróis como uma tentativa de omissão dos problemas enfrentados pelo gênero feminino.

> "A interpretação freudiana procura abranger sobre o mesmo conceito todas as atividades de 'desrealização' de que é capaz o espírito humano: arte, mito, contos folclóricos e acrescentaríamos as infinitas imagens de vítimas e heróis que povoam a imprensa de nossos dias [...] que se ocupa largamente com a vida de artistas, princesas, campeões, *playboys*, constituindo o

'Olimpo' da cultura de massas e que, por isso, são denominadas 'personagens olimpianos'."

É comum encontrar personalidades do meio artístico trabalhando em
prol da causa do combate ao câncer, e uma das hipóteses para essa adoção é
a cobertura excessiva da imprensa sobre a vida de pessoas famosas. Kushner
acredita que o tema mastectomia ultrapassou o anonimato quando pessoas
conhecidas sofreram a cirurgia; todavia, o tema continuou sendo superficialmente comentado.

> "E não falta publicidade sobre a detecção precoce do primeiro
> câncer. Quando as então primeira e segunda damas do país –
> as esposas do ex-presidente Gerald Ford, e a do ex-vice-presi-
> dente Nelson Rockefeller – sofreram mastectomias, era difícil
> encontrar um jornal, uma revista, um programa de rádio ou de
> televisão que não fornecessem instruções para o auto-exame
> e que não falassem dos sete sinais de perigo para o câncer.
> Isto foi realmente uma contribuição magnífica para a instru-
> ção geral das mulheres. Mas, para as mulheres como eu, que
> já tiveram câncer, com alto risco de reincidência, em nenhum
> lugar encontrei um artigo ou uma entrevista sobre como de-
> tectar os sinais precoces de reincidência ou de uma metásta-
> se." (KUSHNER, 1981, p. 104)

Se por um lado existe a crítica na incorporação das celebridades, ou seja,
dos porta-vozes da audiência-alvo, e na simbologia dos valores de transferência, por outro existem também os benefícios que essa utilização gera ao
preço final do produto anunciado e à marca como um todo. Conforme mostra a Figura 9, adaptada de Aaker (1996), pode-se entender a proposta de
valor da marca da campanha como a soma dos dados positivos de expressão
e utilização humana.

Utilizando-se do exemplo da camiseta da campanha, o benefício primeiro seria a necessidade de vestimenta. Logo após, os elementos secundários,
como adesão à causa e a característica de personalidade politicamente corre-
ta, estariam todos também agregados ao valor final do produto.

Figura 9 – Quadro sobre a proposta de valor da campanha O Câncer de Mama no Alvo da Moda

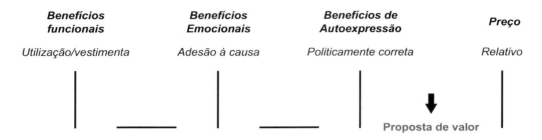

Fonte: Aaker (1996, p. 116).

O público-alvo da campanha é composto por jovens, e os produtos desenvolvidos são normalmente vinculados a empresas de adesão de altos níveis socioeconômicos. As camisetas em modelo regata, *baby look* e os pequenos tamanhos oferecidos para o consumidor são comumente enquadrados ao vestuário jovem. Entretanto, diferentemente dos consumidores da marca, o público portador da doença está entre 40 e 70 anos de idade.

Na análise da campanha, a linha semiótica peirceana foi adotada por oferecer subsídios para contemplação, observação e sistematização dos signos. Aplicada à publicidade, essa teoria auxilia na conscientização do referencial proposto pelo material de divulgação e pelos potenciais retornos sobre os entendimentos do público receptor. Sendo assim, é possível decifrar os códigos da *comunicação* como um todo e desenvolver ações de propaganda com um embasamento responsável e crítico no que se refere à autoria das mensagens e aos efeitos que se pretende causar.

Os critérios para aplicação do método semiótico envolvem a capacidade do indivíduo de contemplação, distinção e generalização do signo estudado. Essas são as atividades iniciais de desenvoltura para um olhar capacitado dos referenciais estudados. Quando assumida a prática dessas três capacidades, é possível entender de maneira mais abrangente o signo e, consequentemente, todos os elementos publicitários e suas competências potenciais para produzir/gerar interpretantes.

No caso da campanha *O Câncer de Mama no Alvo da Moda* do IBCC, pretende-se discutir as ações de publicidade desenvolvidas, visando analisar os elementos sígnicos da identidade marcária, como suas cores, textos e todas as nuances publicitárias, bem como ponderar sobre os efeitos dessa linguagem comunicativa no processo de recepção e nas atitudes da mulher receptora.

3.3.1 *Slogan*

O *slogan* como parte da linguagem comunicativa intervém diretamente em toda a realidade do produto e da marca, produzindo símbolos de expressão do anunciante e da cultura dos valores desejados. Dos elementos da identidade marcária é o mais facilmente modificado devido à sua sinteticidade usual, o que o torna constantemente reciclável, e ao fato de induzir as marcas ao conceito de contemporaneidade. Seu processo criativo resulta sempre de transgressões da linguagem comum das peças de comunicação, seja ela escrita, sonora ou visual, e sua originalidade se deve ao reconhecimento do contexto semiótico no qual cada *slogan* coleta signos e produz novas semioses.

Segundo Iasbeck (2002, p. 123),

> "as técnicas de construção do sintagma verbal geram significações, os parentescos e afinidades com fórmulas históricas, o material linguístico de que os *slogans* se apropriam para promover impacto, comunicação imediata e despertar o interesse. Elementos decifradores e geradores de significados das relações de cultura, reproduzidos em formas de frases proverbiais, máximas, lemas, ditos populares e trazidos ao campo de atuação da publicidade na condensação de poucas palavras com o intuito da comunicação imediata".

Um dos recursos que o autor utiliza para explicar a criação dos *slogans* é a estrutura poética através do aspecto fonético, quando a composição das palavras causa um paralelismo métrico na equalização da emissão dos sons. No caso da campanha do IBCC, temos: *O câncer de mama no alvo da moda*. As palavras *mama* e *moda* realçam e equilibram a sonoridade da oração, facilitando a assimilação e a aprendizagem da mensagem.

Outro fator é o conceito de contemporaneidade com as palavras *alvo* e *moda*, sugestivas de focos de interesses, cujos significados transmitem características de conduta social e atual por meio da utilização das roupas.

Mas, ao pensar que o que está no alvo da moda é uma doença, a inversão pode se tornar omissa ou pejorativa, pois oculta o caráter da seriedade da situação. Em primeira instância, causa estranheza ao interpretar que uma doença possa estar no topo da atualidade, e não a sua prevenção.

3.3.2 Cores

A cor predominante do símbolo da campanha é azul, representante das associações afetivas de confiança e precaução. Uma escolha condizente com as expectativas previstas do público-alvo.

O azul também é a cor preferida no ocidente, com mais apreciação e menos rejeição nas escalas de preferência (*vide* Figura 10), segundo Heller (2004). Em outros estudos de fatores de influência das cores, como o de Farina, Perez e Bastos (2006, p. 89), o azul está claramente presente entre as idades de 40 a 50 anos.

> "Ao analisarmos cientificamente as preferências, verificamos que o cristalino do olho vai se tornando amarelo com o decorrer dos anos. Uma criança absorve 10% da luz azul, enquanto que um ancião absorve cerca de 57% [...] Notaremos que o Azul vai na escala de preferência subindo proporcionalmente à idade do indivíduo."

No símbolo da campanha, há também a cor branca e a preta: uma simbolizando vida e luz, e outra, dor, temor, seriedade, austeridade e morte frente à doença.

Figura 10 – Quadro das cores mais e menos apreciadas

Azul	45%
Verde	15%
Vermelho	12%
Preto	10%
Amarelo	6%
Lilás	3%
Laranja	3%
Branco	2%
Cor-de-rosa	2%
Marrom	1%
Dourado	1%

Marrom	20%
Cor-de-rosa	17%
Cinza	14%
Lilás	10%
Laranja	8%
Amarelo	7%
Preto	7%
Verde	7%
Vermelho	4%
Dourado	3%
Prateado	2%
Branco	1%
Azul	1%

Fonte: Heller (2004, p. 5).

3.3.3 Forma e *design*

A forma do símbolo da campanha, como já mencionado anteriormente, representa um alvo, objeto cujo atributo fundamental é a precisão para se obter êxito com a sua utilização. É necessário um olhar "clínico" e mira perfeita para se atingir o centro do alvo. Uma mesma comparação pode ser feita com o câncer de mama quando realizada a cirurgia de extração do tumor maligno, a mastectomia.

Outra referência é a citação do dicionário ilustrado de símbolos de Biedermann (1993, p. 97), no qual a menção à forma circular descreve as ondas anulares do nascimento e da existência humana. "Círculos concêntricos também surgem quando atiramos um objeto na água, os grafismos desse tipo, frequentes sobre as tumbas monolíticas pré-históricas, podem ser interpretados como símbolos do aprofundar-se nas águas da morte, talvez também do maravilhoso renascimento, no sentido de uma doutrina da morte e da vida". Pensando no objeto de estudo analisado, pode-se considerar uma referência à disseminação e aos ecos da campanha.

Dentro dos diversos signos pertencentes ao formato de alvo da campanha, podem-se considerar as identificações de objetos encurvados com o universo feminino, conforme explica Perez (2004, p. 59): "a semiótica das formas traz algumas considerações importantes para a construção da expressividade e da sensorialidade marcária por meio da análise das formas e do *design* [...]. Curvas e ondulações expressam dinamicidade, sensualidade e feminilidade".

Por fim, existe a semelhança do desenho com um seio e suas camadas de tecidos e músculos que podem ser representadas pelos círculos do objeto, sendo o branco central do alvo o bico do peito, o leite materno da vida, a luz e a possível erradicação da doença.

Figura 11 – Possíveis associações do processo criativo do símbolo da campanha "O Câncer de Mama no Alvo da Moda"

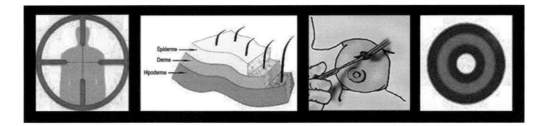

3.3.4 Tríade comunicativa da marca

A análise por meio da capacidade contemplativa de um determinado produto ou marca no intuito de chegar às suas cadeias de representações é o primeiro passo no desmembrar de uma cadeia sígnica. Feito esse exercício, surgem as noções de segmentação e significação e as diferenças que convergem para o estado de observação e generalização dos signos.

A partir do estudo dos signos surgem as três divisões básicas da semiótica nas quais as características mercadológicas ficam evidenciadas com mais clareza, decifrando os objetivos finais da marca. Percebe-se que, no exemplo da campanha, a identidade marcária tem a possibilidade de interferir na rotina real e psicológica dos consumidores, gerando interpretantes de sentimentos e sociabilização e, em último caso, e se devidamente eficaz, também pode gerar a criação de hábitos (interpretante lógico), como por exemplo o autoexame.

Ao projetar uma aproximação à área de gestão da marca, Perez (2004) entende que o signo é o *identity mix*, os elementos de expressividade e visibilidade da marca, mencionados nos itens anteriores, o símbolo, o logotipo (texto) e o *slogan*. Os interpretantes são os efeitos que a marca é capaz de gerar a partir de seu fundamento, como atualidade e valores sociais. Já o objeto diz respeito a tudo que faça referência ao processo mercadológico do produto, ou seja, o *marketing mix*.

Figura 12 – Tríade semiótica da marca da campanha O Câncer de Mama no Alvo da Moda

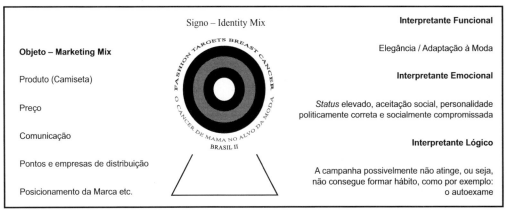

3.3.5 Considerações sobre a campanha

Conceitos-chave e técnicas de propaganda são revividos na criação de campanhas de comunicação, e dessa maneira diferentes etapas decorrentes do processo de emissão das mensagens e recepção dos destinatários podem ser explicadas por meio de fatores semióticos.

A campanha O Câncer de Mama no Alvo da Moda é um exemplo do poder de persuasão que uma marca exerce na sociedade, em que a ênfase nos artistas é sutilmente mais trabalhada do que a doença em si. Por mais méritos que as imagens deles possam trazer em conversões monetárias ao IBCC, e consequentemente às mulheres atendidas pelos hospitais, cabe ressaltar características desse processo comunicativo, em parte, ausente de precauções e explicações sobre diagnósticos, prevenções, tratamentos, entre outras.

Pode-se presumir que as peças analisadas da campanha não incitam ao autoexame ou a cuidados para detecção precoce. Relacionar câncer e moda implica ponderar se o público-alvo final, colaborador e consumidor da campanha, obteve o mínimo de educação sobre o assunto ou apenas aderiu à tendência do mercado das marcas de vestuário.

Atualmente, a expansão das marcas representa grande parte da linguagem nos relacionamentos humanos; por meio de produtos novos constantemente desejados pelo consumidor novos códigos de compra são constantemente criados. Como complementa Semprini (2006, p. 33): "Alguns temem que, uma vez aberto o recinto do consumo, as marcas liberadas nos ambientes da discursividade social acabem por devorar tudo o que estiver no caminho, estremecendo completamente o equilíbrio de todo ecossistema sociosemiótico."

Hoje em dia, a marca representa mais do que o produto, e há no mercado um determinado processo de registro para diferenciá-la. A marca registrada não é nada mais do que uma empresa ou uma instituição que recebeu a proteção legal de sua autoria com vistas à utilização de toda sua identidade, o que pode incluir logotipo, *slogan*, embalagens, fonte tipográfica, entre outros. No Brasil, o órgão do governo responsável pelo registro da marca é o Instituto Nacional da Propriedade Industrial.[5]

Por outro lado, a definição de marca se constitui no princípio da enunciação, ou seja, tal processo é o que lhe possibilita atravessar de uma condição abstrata e virtual para o estado concreto de manifestação. Em outras palavras, embora não esteja explícito o que é controlar o diagnóstico de câncer de mama, a atitude de compra de um produto licenciado do IBCC, com a logotipia da campanha, pode trazer benefícios sociais, definidores e até ideológicos.

---

[5] O Instituto Nacional da Propriedade Industrial (INPI) é uma autarquia federal vinculada ao Ministério do Desenvolvimento, Indústria e Comércio Exterior, responsável por registros de marcas, concessão de patentes, averbação de contratos de transferência de tecnologia e de franquia empresarial, e por registros de programas de computador, desenho industrial e indicações geográficas, de acordo com a Lei da Propriedade Industrial (Lei nº 9.279/96). Disponível em: www.inpi.gov.br.

A especificidade marcária na análise comunicativa revela sua instância semiótica de segmentação e atribuição de sentido aos códigos humanos, sejam estes de forma ordenada, estruturada ou voluntária. "O poder semiótico da marca consiste em saber selecionar os elementos no interior do fluxo de significados que atravessa o espaço social, organizá-los em uma narração pertinente e atraente e a propô-los a seu público" (SEMPRINI, 2006, p. 107).

A conversão de um número crescente de setores da produção de bens e de serviços em marcas amplia-se com o fenômeno do consumo de massa, transgredindo a lógica do custo/benefício de bens tangíveis e concretos para simbologias circunscritas às características humanas. Perez comenta o início desse fenômeno, quando grande parte dos produtos básicos, como os alimentícios, móveis e louças, eram feitos nas casas, por artesãos, ou comprados nos armazéns a granel.

> "Nesse contexto de consumo, as marcas assumem destaque nas relações de compra e venda, indo além da ideia de meras facilitadoras das transações comerciais para transformar-se em poderosos e complexos signos de posicionamento social e de ser no mundo. [...] Nunca tivemos um número tão grande de propagandas igualmente consequentes em comunicação. A gerência de marcas ofereceu alguma esperança de ordem em meio à confusão decorrente da prosperidade pós-guerra, que salientava a necessidade da criação de uma identidade para as empresas." (PEREZ, 2004, p. 3 e 5)

Por meio de seu poder de mercado e influência no comportamento humano, a marca comercial tornou-se um "veículo de adesão social",[6] o que, por conseguinte, embute um novo caráter de exibição e ostentação sobre sua utilização. Sua autoridade no espaço público tem capacidade para apontar o simbólico e o imaginário de indivíduos e grupos e atrair a atenção dos veículos de comunicação. Atualmente, a marca é mais do que um objeto de consumo; é um traço definidor de alcance em todo o entorno social, com signos semióticos permeados de significação, de formalização

---

[6] Perez define tal fenômeno como uma realidade à disposição dos indivíduos nas sociedades excessivamente desideologizadas e sedentas por entidades que permitam coesão.

e de valorização de sentido, atuando livremente nos mecanismos de construção da identidade social.

Talvez a ascensão da campanha O Câncer de Mama no Alvo da Moda se deva à necessidade de a população brasileira atuar na luta contra o câncer de mama, mas o fator do sucesso de vendas das camisetas e do reconhecimento da marca entre o público nacional consiste na utilização das personagens famosas. Os signos expostos nessas peças de comunicação são considerados extremamente eficazes na medida em que o lucro econômico do IBCC aumenta cada vez mais e se ampliam os serviços prestados pelo seu hospital. Porém, quanto ao viés da área de comunicação, pode-se considerar que ainda existe uma ausência de informações relativas à doença nas análises mencionadas, e talvez as mensagens publicitárias criadas ofereçam mais destaque ao artista do que à causa da doença em si.

COMUNICAÇÃO PÚBLICA, SAÚDE E O INCA

4.1 As primeiras iniciativas do governo sobre cânceres femininos

Por meio da análise das peças de comunicação do governo realizadas pelo INCA pretende-se averiguar qual é a comunicação estabelecida pelo governo para o câncer de mama no Brasil. Diferentemente das ações em destaque no último subcapítulo sobre a campanha O Câncer de Mama no Alvo da Moda do IBCC, as ações do INCA não são contínuas, não chegam a constituir uma campanha, mas consistem em atuações pontuais de promoção de saúde.

O INCA é o órgão do Ministério da Saúde do Brasil responsável por desenvolver e coordenar ações integradas para a prevenção e controle do câncer no país. Essas ações são prestadas gratuitamente aos pacientes pelo SUS. Segundo a instituição, o INCA está equipado com o mais moderno parque público de diagnóstico por imagem da América Latina.

A história do governo sobre o combate aos cânceres femininos se iniciou na década de 90. Mas as primeiras ações de divulgação nacional foram voltadas única e exclusivamente ao câncer de colo de útero. Nota-se que a difusão publicitária em larga escala sobre o câncer de mama ocorreu um pouco mais tarde, entre 1999 e 2001; entretanto, não aconteceu em forma de campanha comunicacional, tampouco atingiu os diferentes estados do país.

Porém, atualmente, o câncer de colo de útero possui taxas de incidência menores que o de mama, exceto na região Norte do país. Por razões como falta de condições básicas de higiene e pelo alto número de casos de HPV,[1] a doença ainda possui alta incidência e mortalidade nesses estados brasileiros.

A análise do câncer de colo de útero faz-se significativamente válida nesse estudo, cuja totalidade de materiais é escassa, e espera-se traçar, a partir da compreensão dessas primeiras ações, um panorama do início da publicidade pública de saúde voltada para a mulher.

Segundo dados fornecidos pela Coordenação de Prevenção Vigilância do INCA (COMPREV), em 1984 aconteceram as primeiras ações para controle do câncer de colo e mama no Brasil no contexto do Programa de Assistência à Saúde da Mulher.

Em 1989, ocorreu a difusão dos primeiros Manuais para Controle do Câncer de Mama na rede assistencial à doença.

Presume-se que foram iniciativas voltadas para os profissionais de saúde e pouco atingiram a mulher que ainda não precisara procurar um posto médico e/ou hospital. A preocupação dessa primeira etapa foi apenas a de treinar e capacitar os agentes diretamente envolvidos com a questão do câncer de mama.

Aconteceu também na década de 90 a consolidação do INCA na liderança das ações de câncer no Brasil em todas as suas vertentes, pois durante algumas épocas e em trocas de governo, os serviços prestados pelo instituto mudavam de coordenação, quando o Ministério da Saúde assumia o controle das ações de comunicação.

No ano de 1995, realizou-se a VI Conferência Mundial sobre a mulher na China, e o governo brasileiro se comprometeu na dedicação dos problemas de saúde feminina, quando até então nada havia feito nesse aspecto. O Brasil assumiu o compromisso de desenvolver um programa de âmbito nacional visando o controle do câncer de colo de útero, e ocorreu em 1997 a implantação do Projeto-piloto Viva Mulher – Programa Nacional de Controle do Câncer de Colo de Útero em seis localidades: Curitiba, Brasília, Recife, Rio de Janeiro, Belém e no Estado de Sergipe.

---

[1] O HPV, vírus do papiloma humano, é uma doença sexualmente transmissível e estima-se que atinja entre 25% e 50% da população feminina mundial.

O Programa Viva Mulher nasceu prioritariamente como uma campanha exclusiva para o controle do câncer de colo de útero no Brasil. A primeira fase, chamada de projeto-piloto, ocorreu de 1997 até o final do primeiro semestre de 1998, quando foram realizadas pesquisas com mulheres e profissionais de saúde, considerando cinco Municípios e um Estado brasileiro. O objetivo final era estimular o público-alvo feminino de 35 a 49 anos de idade a fazer o seu primeiro exame citopatológico, o popularizado "papanicolau".

Já nos anos de 1999 a 2001, depois de dois anos de projeto-piloto, houve a expansão do Programa Viva Mulher em âmbito nacional. Nessa nova fase, ocorreu a implantação do SISCOLO (Sistema de Informações de Controle do Câncer do Colo do Útero) e a inserção do Programa de Controle de Câncer de Mama no Programa Viva Mulher por meio da capacitação dos Estados e da distribuição de equipamentos às Secretarias Estaduais de Saúde.

As ações voltadas para a detecção precoce do câncer de mama foram reforçadas a partir de 2000, com a habilitação dos profissionais de saúde, estabelecendo a cooperação técnica e científica entre os participantes para o desenvolvimento das atividades referentes ao Programa Viva Mulher, com o uso de 50 mamógrafos que foram distribuídos nacionalmente segundo critérios próprios das Secretarias Estaduais de Saúde.

Percebe-se com essa trajetória que muitas são as denominações e acordos feitos para as iniciativas públicas do câncer de mama, sendo que as ações nem sempre foram introduzidas nos programas executados à época. A prioridade do estudo de comunicação cabe ao Programa Viva Mulher, cuja extensão em meados de 1999 incorporou a preocupação com o câncer de mama e desenvolveu uma única campanha nacional.

Hoje, por meio da análise do histórico estabelecido, pode-se dizer que a prática das ações regionalizadas fez com que o conceito de uma grande campanha fosse trocado por constantes ações de promoção da saúde pública feminina.

Há de se observar que, mesmo tardiamente divulgadas e acopladas a um programa nacional de atenção à saúde, as iniciativas de comunicação para o controle do câncer de mama podem oferecer grandes conquistas para a mulher brasileira.

4.1.1 Primeiros folhetos de comunicação do INCA

Antes da criação e da publicação de algumas peças de comunicação, as agências e os clientes responsáveis pelo produto/serviço realizam pesquisas focais com o intuito de estabelecer uma ligação mais direta e concreta com o seu público-alvo. O grupo focal é uma técnica de avaliação que oferece informações qualitativas, normalmente promovendo uma discussão que tem por objetivo revelar percepções, experiências e preferências.

No caso dos primeiros folhetos divulgados sobre saúde feminina, o INCA adotou o grupo focal como técnica para a identificação na concepção de sua propaganda, e dessa coleta de dados percebeu-se que a escolha por desenhos de caricaturas jovens, ao invés de fotos de mulheres reais, foi uma opção das participantes da atividade de pesquisa publicitária.[2]

> "Para a produção do material educativo, inicialmente realizaram-se pesquisas qualitativas, em especial grupos focais, onde a opinião das mulheres e dos profissionais de saúde foi ouvida e onde foram avaliadas as características dos materiais a serem elaborados e testada a programação visual, linguagem e a mensagem proposta, garantindo-se seu entendimento, adequação e utilização. Esta atividade contou com a participação de um grupo feminista pernambucano (SOS Corpo), enquanto o desenvolvimento de material de comunicação contou com a participação de setores universitários do Rio de Janeiro (Universidade Estadual do Rio de Janeiro)." (INCA, 2000, p. 28)

A utilização dos bonecos pode representar uma iniciativa didática e informal de abordagem sobre temas complicados como o câncer de mama. O desenho remete à alegria infantil dos quadrinhos, uma maneira fácil de transmitir mensagens, um elemento de caracterização com formas que lembram a realidade e o corpo humano. Muitas vezes, o desenho pode se tornar uma mascote publicitária e estar presente em toda uma linha de comunicação de determinada marca.

---

[2] Informações retiradas em entrevistas realizadas com a equipe de comunicação e do CONPREV (Coordenação de Prevenção Vigilância do INCA) durante os meses de julho a novembro de 2007 e dos relatórios recebidos sobre o Programa Viva Mulher dos anos de 2000 e 2002.

O primeiro folheto explica por meio de quadrinhos os primeiros passos de uma mulher para a prevenção do câncer de colo de útero. A linguagem é simples, interage com a rotina de uma mulher e a presença de um ginecologista. O texto esclarece sobre a rapidez, a ausência de dor e o caráter gratuito do exame. O título na frente da página é bem visível e chamativo: "O câncer de colo de útero pode ser evitado", e no verso, divulga-se a conclusão: "... e só depende de você. Basta fazer o exame preventivo periodicamente." O papel possui formato simples, dobrável, o que otimiza a utilização dos dois lados do folheto. O símbolo do INCA possui linhas retas e se assemelha a um gráfico.

Além de trabalhar ludicamente assuntos que são sérios e necessitam de uma comunicação esclarecedora e real, vale ressaltar que o texto assume ser a própria mulher a única responsável pela doença. A frase "só depende de você" estabelece um sentido de autoculpabilização por parte do esquecimento e da irresponsabilidade, caso a mesma não lembre ou não saiba realizar o autoexame.

Figura 13 – Folheto 1, frente

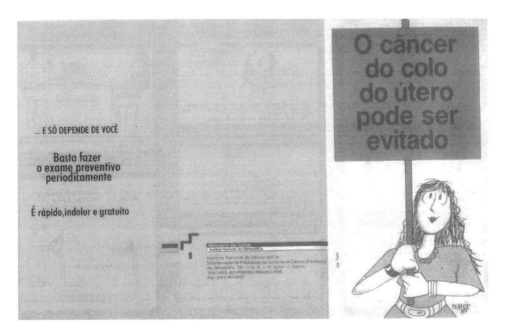

Figura 14 – Folheto 1, verso

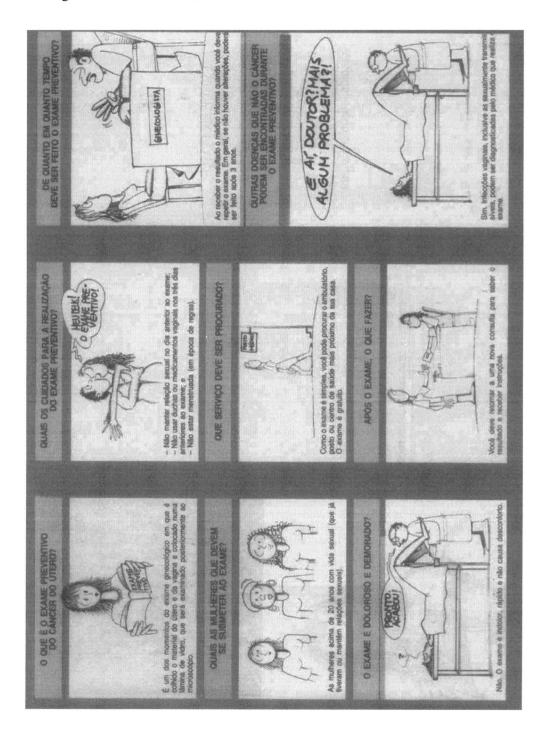

O folheto 2 tem características muito similares às do primeiro, embora já trate de câncer de mama. A linguagem estabelecida é um pouco diferenciada, os textos são elaborados com um recurso de linguagem próximo. A frase "Quanto mais cedo for descoberto, maiores são as chances de cura" não responsabiliza apenas a mulher por tal situação.

O formato do papel e o recurso de desenhos esboçam uma tentativa de similaridade na identidade visual do INCA, mas nota-se que o símbolo é totalmente diferente do anterior, com um formato de emblema. O título na primeira página é *Autoexame das mamas: um toque de carinho*.

Figura 15 – Folheto 2, frente

Figura 16 – Folheto 2, verso

O que é o auto-exame?

É o exame das mamas efetuado pela própria mulher. É conhecendo suas mamas que você pode verificar qualquer alteração.

Quando fazer?

Faça o auto-exame uma vez por mês. A melhor época é logo após a menstruação. Para as mulheres que não menstruam mais, o auto-exame deve ser feito num mesmo dia de cada mês, como por exemplo todo dia 15.

O que procurar?

Diante do espelho:
- Deformações ou alterações no formato das mamas
- Abaulamentos ou retrações
- Ferida ao redor do mamilo

No banho ou deitada:
- Caroços nas mamas ou axilas
- Secreções pelos mamilos

Como examinar suas mamas?

Diante do espelho:

Eleve e abaixe os braços. Observe se há alguma anormalidade na pele, alterações no formato, abaulamentos ou retrações.

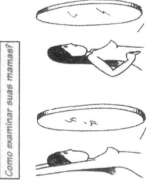

Deitada:

Coloque um travesseiro debaixo do lado esquerdo do corpo e a mão esquerda sob a cabeça. Com os dedos da mão direita, apalpe a parte interna da mama. Inverta a posição para o lado direito e apalpe da mesma forma a mama direita.

Deitada:

Com o braço esquerdo posicionado ao lado do corpo, apalpe a parte externa da mama esquerda com os dedos da mão direita.

Durante o banho:

Com a pele molhada ou ensaboada, eleve o braço direito e deslize os dedos da mão esquerda suavemente sobre a mama direita estendendo até a axila. Faça o mesmo na mama esquerda.

ATENÇÃO:

Caso você encontre alguma das anormalidades citadas, lembre-se que é importante procurar um serviço médico: os ambulatórios, postos e centros de saúde pública podem ajudá-la.
Quanto mais cedo melhor!
Além disso, caso você, por qualquer motivo, procurar seu médico, peça-lhe para que examine também suas mamas.

O terceiro e último folheto desta primeira parte já apresenta características mais humanizadas por meio do emprego de uma mão feminina representando um seio. A cor é azul escuro, o que transmite uma sensação de seriedade e respeito em comparação ao azul bebê adotado no Folheto 1. A tipologia utilizada também aparenta modernidade e o texto utilizado no *slogan Um toque: vida sem câncer de mama* faz referência à realização do autoexame para a sobrevivência da mulher em relação à doença. O símbolo adotado que se encontra abaixo do timbre do Ministério da Saúde, apesar de ser levemente alterado em alguns materiais, é o que permanece atualmente utilizado pelo INCA.

Figura 17 – Folheto 3, frente

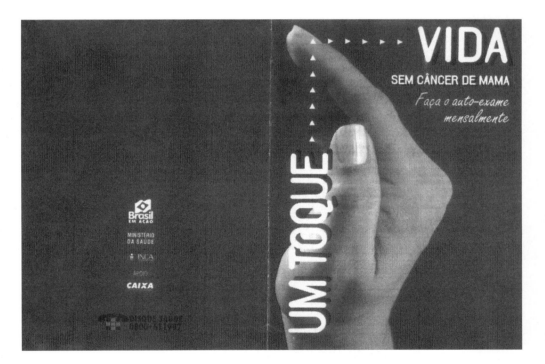

Figura 18 – Folheto 3, verso

Como evitar o câncer de mama?

De forma bem simples: fazendo o auto-exame das mamas. O câncer tem cura desde que diagnosticado no início.

O que é o auto-exame das mamas?

É o exame das mamas efetuado pela própria mulher. É conhecendo suas mamas que você pode verificar qualquer alteração.

Quando fazer o auto-exame?

Faça o auto-exame uma vez por mês. A melhor época é após a menstruação. Se você não menstrua mais, o auto-exame deve ser feito em um mesmo dia de cada mês como, por exemplo, todo dia 15.

Como fazer o auto-exame?

▲ **Diante do espelho**
Levante e abaixe os braços. Observe se há alguma anormalidade na pele, alterações no formato das mamas, como abaulamentos e refrações, ou alguma ferida ao redor do mamilo, secreções pelos mamilos.

▲ **Durante o banho**
Com a pele ensaboada, levante o braço direito e deslize os dedos da mão esquerda suavemente sobre a mama direita, estendendo até a axila. Faça o mesmo na mama esquerda. Observe se há caroços nas mamas ou nas axilas e secreções pelos mamilos.

▲ **Deitada - posição 1**
Coloque um travesseiro debaixo do lado esquerdo do corpo e a mão esquerda sob a cabeça. Com os dedos da mão direita, apalpe a parte interna da mama. Inverta a posição para o lado direito e apalpe da mesma forma a mama direita.

▲ **Deitada - posição 2**
Com o braço esquerdo posicionado ao lado do corpo, apalpe a parte externa da mama esquerda com os dedos da mão direita. Inverta a posição e apalpe da mesma forma a parte externa da mama direita com os dedos da mão esquerda.

Verifique novamente se existem caroços nos seios ou axilas e secreções pelos mamilos.

O que fazer se observar alguma alteração?

Se você notar alguma mudança nos seios, procure imediatamente um serviço médico. Os ambulatórios, postos e centros de saúde pública devem ajudá-la. E caso o seu médico solicitar uma mamografia, exija o Selo de Qualificação no resultado do seu exame. Ele é a garantia de um exame confiável.

Lembre-se também que alguns hábitos saudáveis podem ajudá-la a evitar a doença. Uma alimentação equilibrada, evitando açúcares e gorduras, uma atividade física regular - como, por exemplo, uma caminhada diária - e não fumar são importantes para manter o bom funcionamento do organismo. Fazendo o auto-exame das mamas mensalmente e adotando um estilo de vida mais saudável, você estará se prevenindo contra o câncer de mama.

4.2 Viva Mulher – Programa Nacional de Controle do Câncer do Colo de Útero e de Mama

> "Campanhas são um conjunto de ações, de esforços, para se atingir um fim determinado, em um certo período, seja isso um sucesso de vendas ou um ganho de eleições. Mas, quando se fala em prevenção de doenças, em especial das crônicas, como o câncer, os objetivos são de maior prazo. É preciso efetuar programas continuados, de grande abrangência, acompanhados de campanhas pontuais, integradas a uma lógica maior, que corrija e redirecione as suas ações." (Programa Viva Mulher – Relatório Novembro de 2000 – Metas cumpridas e novas perspectivas, INCA, p. 8)

A história do Viva Mulher, como mencionado anteriormente, teve início em 1997, com a idealização de um projeto-piloto em seis localidades brasileiras: Curitiba, Brasília, Recife, Rio de Janeiro, Belém e Sergipe.

A princípio, o foco não era o câncer de mama, época em que se adotou apenas o nome Viva Mulher – Programa Nacional de Controle do Câncer do Colo de Útero. Aliás, é possível perceber no decorrer da campanha que as abordagens sobre as duas doenças são significativamente discrepantes.

Na fase de intensificação da campanha (agosto e setembro de 1998), para que se atingisse nacionalmente toda a população, foi adotada a estratégia da comunicação de massa, agregando a mídia televisiva com ações de propaganda indireta, *merchandising*[3] em programas de auditório e telenovelas, rádio, cartazes, folhetos, *outdoors* e intervenções urbanas.

O enfoque propulsor dessa etapa foram fitas rosa, criadas para serem amarradas nos punhos, uma associação ao ato de não esquecer compromissos ou datas importantes quando se enlaçam fitinhas nos dedos das mãos. O texto interior era *Saúde da Mulher – Prevenção do Câncer de Colo Uterino*. Segundo Farina, Perez e Bastos (2006, p. 105), "As qualidades atribuídas

---

[3] Embora haja discussões sobre a definição de *merchandising*, sua definição mais popular é: conjunto de ações de marketing realizadas com produtos ou serviços que têm como objetivo final a venda de outro produto. Há também o *merchandising* editorial, com inserções de produtos/serviços em programas de TV, também conhecido como *Tie-in*.

à cor rosa são consideradas tipicamente femininas. Simboliza o encanto, a amabilidade. Remete à inocência e frivolidade. Feminino."

Segundo dados do INCA, a estratégia da campanha utilizou diversos meios de comunicação, com base principalmente no rádio e na televisão, com duas finalidades: mobilizar e debater. "A sustentação da campanha nas ruas foi composta por 11 milhões de fitinhas de pulso, cartazes e folhetos [...]. Outdoors duplos (375 pontos) nas capitais brasileiras e intervenções urbanas com fitas cor-de-rosa gigantes enlaçando diversos monumentos e prédios públicos."

Figura 19 – Fita cor-de-rosa da campanha do Programa Viva Mulher

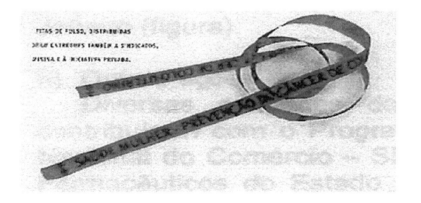

4.2.1 Televisão

A televisão se define como um veículo de massa de longo alcance por meio de um culminante poder sinestésico na junção dos sentidos auditivos e visuais. A TV emociona, oferecendo ao telespectador uma oportunidade de coparticipar de suas imagens reais, técnicas, composição de cenas e muito mais, criando intimidade e apreensão de valores com relação à mensagem transmitida.

É por intermédio de suas imagens que a televisão estabelece vínculos com seu público. No Brasil e em alguns outros países, existe uma carência de divulgação sobre a história de seus heróis e de personalidades nacionais em destaque fora do âmbito televisivo; tal ausência de divulgação acaba transferindo aos artistas da sociedade de massa um caráter de referência para a cultura popular. No caso do câncer de mama, a produção não fugiu à regra com a criação de dois tipos de comerciais, um de 60 segundos e outro de 30 segundos, ambos com a participação da atriz Eva Wilma e de diversos artistas brasileiros.

A escolha da utilização da atriz foi em decorrência de seu personagem interpretado no seriado ficcional produzido e exibido no Brasil pela Rede Globo, *Mulher*, entre os anos de 1998 e 1999. Eva Wilma era a médica Martha Corrêa e trabalhava em uma clínica especializada de saúde feminina, envolvendo-se nos dramas de variadas pacientes, tais como mulheres violentadas por abortos (clandestinos), adolescentes grávidas etc.

Descritivo do comercial de TV – 60 segundos:

> "Cena I – Eva Wilma fala para a câmera enquanto coloca a fitinha no pulso:
>
> 'Esta fitinha aqui é para lembrar você de uma coisa muito importante. Ela é o símbolo da prevenção do câncer de colo de útero. Uma doença que mata uma mulher a cada 1 hora e 20 minutos no Brasil, mas que é tão fácil de curar quando descoberta a tempo. Por isso, lembre sua mãe, sua irmã, sua filha, lembre alguém que você queira bem.'
>
> Cena II – Corta para cenas de mulheres sendo atendidas nos postos de saúde.
>
> Locução em *off*:
>
> O Ministério da Saúde, as Secretarias da Saúde lembram:
>
> 'Não deixe de fazer a prevenção do câncer de colo uterino se você nunca fez o exame e tem de 35 a 49 anos.'
>
> Cena III – A atriz volta à câmera em *close* e diz:
>
> 'Fazer o exame não custa nada. Não fazer pode custar uma vida.'

Locução em *off*:[4]

'Até 19 de setembro, em todo o Brasil, vá a uma unidade de saúde.'

Vinheta – Assinatura: Saúde da Mulher/Ministério da Saúde"

Descritivo do comercial de TV – 30 segundos:

"Cena I – Personalidades mostram a fitinha amarrada no pulso, alertando para que não se esqueçam do exame preventivo do câncer de colo uterino.

O áudio transmite o seguinte *jingle*:

Fale com alguém

Convença alguém

Lembre alguém

Que você queira bem

Sua mãe, sua irmã

Sua amiga ou mulher

Lembre todas elas

Lembre quem você puder

---

[4] A locução em *off* é basicamente um texto do comercial interpretado por locutor/intérprete que não aparece em cena.

Locução em *off*:

O Ministério da Saúde, as Secretarias de Saúde lembram:

Não deixe de fazer a prevenção do câncer de colo uterino

se você nunca fez o exame e tem de 35 a 49 anos.

Fazer o exame não custa nada,

Não fazer pode custar uma vida.

Até 19 de setembro, em todo o Brasil,

vá a uma unidade de saúde.

Vinheta – Assinatura: Saúde da Mulher/Ministério da Saúde"

4.2.2 Rádio

Assim como na televisão, ocorreram duas formas de abordagem por meio de grandes redes nacionais de rádio. Na primeira, um *jingle* cantado por Herbert Vianna, líder da banda Paralamas do Sucesso;[5] o texto era idêntico ao do comercial de 30 segundos.

Nota-se na linguagem coloquial e rima fácil o intuito de assimilação dos ouvintes para a campanha. A voz escolhida foi a de um cantor com forte inserção no gosto popular e poder de lembrança entre o público.

As orações foram trabalhadas para que a mensagem fosse incorporada por todos. O homem poderia ajudar lembrando alguma mulher próxima também. "Fale com alguém. Convença alguém. Lembre alguém. Que você queira bem."

---

[5] Os Paralamas do Sucesso é uma das mais conhecidas bandas de *rock* brasileiro, idealizada na década de 70, na cidade do Rio de Janeiro.

Na locução em *off*, o texto é imperativo, representa poder e objetiva uma caracterização de dever da mulher perante o exame: "Não deixe de fazer a prevenção do câncer de colo uterino. Se você nunca fez o exame e tem de 35 a 49 anos, até 19 de setembro, em todo o Brasil, vá a uma unidade de saúde.", "Você tem que....", "Salve...", entre outros. Além da representação do ditado popular, recorrendo à sabedoria e aos bons conselhos criados pela identidade nacional: "Melhor prevenir do que remediar – Sua vida está em jogo".

Na segunda abordagem, os próprios locutores e apresentadores radialísticos de AM realizaram, em meio aos depoimentos diários de seus programas, a discussão do tema junto à população em nove diferentes comerciais de rádio. Nota-se na transcrição dos comerciais um apelo muito mais significativo nas últimas divulgações, com um caráter de responsabilidade para todos: homens, mulheres, mães, filhas, filhos, amigos, entre outros.

Os textos elaborados para o rádio seguiram uma hierarquia temporal entre as fases de duração da campanha e nota-se a inclusão de um discurso não apenas de emissão e recepção voltada ao público feminino, mas, sim, de alertas e cuidados entre as pessoas das próprias instituições familiares, com vozes masculinas e femininas. São eles: "Prevenção", "Estatística", "Como, quando, onde", "Mobilização", "Convocação", "Compromisso", "Últimos dias", "Contagem regressiva" e, por fim, "Responsabilidade da Família".

I – Prevenção

"Todos conhecem o ditado "antes prevenir do que remediar". Muitas doenças podem ser evitadas com cuidados básicos. Outras podem ser curadas se forem descobertas cedo. Esse é o caso do câncer de colo de útero. Com um simples exame chamado papanicolau é possível descobrir se a doença existe e fazer o tratamento para a cura. É por isso que o Ministério da Saúde e as Secretarias Estaduais e Municipais de Saúde estão realizando o Programa Nacional de Combate ao Câncer Uterino. Até 19 de setembro, todas as mulheres que têm entre 35 e 49 anos e que nunca fizeram o exame devem procurar uma unidade de saúde para fazê-lo de graça. O exame não dói e não tem efeitos colaterais.

Lembre-se de fazer o exame e lembre também alguém que você queira bem. É até o dia 19 de setembro em qualquer unidade de saúde. Fazer o exame não custa nada. Não fazer pode custar uma vida."

II – Estatística

"A cada ano, de seis a sete mil mulheres morrem no Brasil vítimas do câncer de colo de útero. Diminuir esse número depende de todos nós. O câncer de colo de útero pode ser completamente curado se for descoberto cedo. Para isso é necessário um exame preventivo chamado papanicolau. Esse exame pode ser feito de graça até o dia 19 de setembro por todas as mulheres entre 35 e 49 anos que nunca fizeram o exame antes.

Converse com pessoas que você conhece sobre o exame de prevenção ao câncer de colo de útero. O Brasil inteiro está unido nessa campanha. Lembre-se de fazer o exame e lembre também alguém que você queira bem. Basta ir até 19 de setembro a qualquer unidade de saúde. Fazer o exame não custa nada. Não fazer pode custar uma vida."

III – Como, quando, onde

"O Brasil inteiro está unido na campanha para a prevenção do câncer de colo de útero, uma doença que pode ser fatal se não for descoberta e tratada cedo. Toda mulher entre 35 e 49 anos que nunca fez o exame preventivo deve procurar uma unidade de saúde para fazer esse exame de graça até o dia 19 de setembro. Não dói, não traz nenhum efeito colateral e não é demorado.

Para fazer o exame preventivo é importante não ter relações sexuais no dia anterior e nem estar no período menstrual. Quem está grávida deve fazer o exame, já que não existe nenhum risco para a mulher e nem para o bebê. Tão importante quanto fazer o exame é pegar o resultado e, se necessário, seguir rigorosamente o tratamento.

Lembre-se de fazer o exame e lembre também as pessoas que você conhece. Fazer o exame não custa nada. Não fazer pode custar uma vida."

IV – "Mobilização"

"O que você faz quando não pode esquecer uma coisa de jeito nenhum? Amarra uma fitinha no pulso? Pois é isso mesmo que você deve fazer para se lembrar do exame de prevenção do colo de útero.

Até o dia 19 de setembro as unidades de saúde em todo o país estarão realizando o exame de graça para todas as mulheres entre 35 e 49 anos e que nunca fizeram isto antes.

O câncer de colo de útero é uma doença que pode ser fatal, mas tem cura se for descoberta no início. É por isso que você deve se lembrar e lembrar também as pessoas que você gosta, na sua casa, no trabalho, na sua comunidade. Faça como milhares de mulheres brasileiras que estão amarrando uma fitinha cor-de-rosa no pulso para não se esquecerem do exame.

É até o dia 19 de setembro. Fazer o exame não custa nada. Não fazer pode custar uma vida."

V – "Convocação"

"O Brasil inteiro está mobilizado para prevenir e curar uma doença que pode ser fatal, o câncer de colo de útero. Assim como a maioria das doenças, o câncer de colo uterino pode ser prevenido e, se tratado no início, pode ser totalmente curado. A cada ano, de seis a sete mil mulheres morrem no Brasil vítimas desse câncer. Diminuir esse número depende de todos nós.

Até 19 de setembro, todas as mulheres que têm entre 35 e 49 anos que nunca fizeram o exame devem fazê-lo em qualquer unidade de saúde. É de graça.

Lembre-se de fazer o exame e lembre também as pessoas que você conhece, na sua família, sua rua, seu trabalho e sua comunidade. Fazer o exame não custa nada. Não fazer pode custar uma vida."

VI – "Compromisso"

"Atenção, você que é mulher, tem entre 35 e 49 anos e nunca fez um exame preventivo de câncer de colo de útero, o papanicolau, fique ligada.

Fique ligada. Até o dia 19 de setembro todas as unidades de saúde estarão fazendo esse exame preventivo de graça. Reserve um horário do seu dia para fazer o papanicolau. Não dói, não é demorado e não tem nenhum efeito colateral. Mesmo quem está grávida deve fazer o exame. Não há risco para a mãe e nem para o bebê.

Converse com as pessoas que você conhece sobre o exame de prevenção. Lembre-se de fazer o exame e lembre também quem você quer bem. Fazer o exame não custa nada. Não fazer pode custar uma vida."

VII – "Últimos dias"

"Você ainda não fez o exame de prevenção ao câncer de colo uterino? O que você está esperando? Até o final do mês de setembro você pode fazer esse exame em qualquer unidade de saúde sem pagar nada.

Por favor, não brinque com sua saúde. O câncer de colo de útero é uma doença séria que mata milhares de mulheres todo ano no Brasil, mas que tem cura se for descoberta logo cedo. Para se prevenir você tem que fazer esse exame chamado papanicolau, que não dói e não traz nenhum desconforto.

Sua saúde é o que mais importa. Fale com suas amigas, com todas as mulheres de sua família sobre a importância da prevenção. Não deixe de lado esse compromisso. Vá até a unidade de saúde mais próxima. O Brasil inteiro está unido nessa luta contra o câncer de colo uterino. Fazer o exame não custa nada. Não fazer pode custar sua vida ou a de quem você ama."

VIII – "Contagem regressiva"

"Ainda dá tempo de fazer de graça o exame de prevenção ao câncer de colo uterino. Essa é uma doença muito séria que mata de seis a sete mil mulheres no Brasil a cada ano. Vamos acabar com essa tristeza. Até o fim do mês de setembro você pode fazer o exame de prevenção sem pagar nada em qualquer unidade de saúde. Não deixe de lado esse compromisso. É a sua vida que está em jogo. O câncer de colo de útero pode ser totalmente curado se for descoberto logo no início. Por isso, é necessário fazer o exame o quanto antes. O exame não dói e não tem nenhum desconforto.

Então, o que você está esperando?

Vamos lá! Vá hoje mesmo até a unidade de saúde mais próxima para se prevenir contra o câncer de colo uterino.

Fazer o exame não custa nada. Não fazer pode custar sua vida ou a de quem você ama."

IX – "Responsabilidade da Família"

"Amigo ouvinte. Você tem que proteger a vida de todas as mulheres que estão ao seu lado. Oriente para que toda mulher faça o exame de prevenção ao câncer de colo uterino.

Essa é uma doença que mata milhares de mulheres no Brasil, mas que pode ser curada se for descoberta cedo.

Por isso, o Ministério da Saúde está convocando todas as mulheres para fazer o exame de graça, até o fim do mês de setembro, em qualquer unidade de saúde.

Alertar sua esposa, mãe, filha, amiga é sua obrigação. Salve a vida de quem você ama. Não deixe de lado esse compromisso. O Brasil inteiro está unido nessa luta contra o câncer de colo uterino e o mais importante é sua atitude. Fazer o exame não custa nada. Não fazer pode custar sua vida ou a de quem você ama."

4.2.3 Cartazes e folhetos

Os cartazes e folhetos possuem uma composição centralizada e um conjunto cromático com a predominância de cores fortes: preto e vermelho, o que remete a uma característica de sobriedade à situação, diferente da linha criativa adotada para os primeiros folhetos do INCA – desenhos de garotas jovens.

Nota-se, apesar das características gráficas, que as personagens escolhidas, mulheres de aproximadamente 40 anos, estão com uma feição otimista, fato que desmistifica a situação problemática da doença, colabora com a aceitação social para o assunto e aproxima as mulheres dentro do universo do público-alvo para a campanha.

A produção de cartazes para a campanha foi remetida às Secretarias Estaduais e Municipais de Saúde que, por sua vez, repassaram-nos para as unidades de saúde de suas regiões. Foram impressos 1,5 milhão de cartazes para distribuição em todo o Brasil.

Figura 20 – Cartaz da campanha do Programa Viva Mulher

Os folhetos foram produzidos em dois formatos distintos, com tiragem de 4,1 milhões de exemplares, distribuídos nos mesmos pontos dos cartazes. O formato menor, volante, foi divulgado posteriormente, com uma produção de cerca de 1 milhão de exemplares.

A tiragem dos cartazes foi mais adequada à repercussão de uma campanha dessa magnitude devido ao potencial de mulheres que estes poderiam atingir com apenas um exemplar, se bem localizado. Entretanto, o número de *folders* e volantes foi extremamente irrisório diante do aumento considerável da população feminina no Brasil no final do século XX.

Figura 21 – Folhetos da campanha do Programa Viva Mulher

Para os profissionais de saúde também foram produzidos dois modelos de cartazes, definidos como motivacionais e de orientação técnica da coleta para o exame, ambos com tiragem de 100 mil exemplares. A produção de *folders* também alcançou o mesmo número de distribuição. Todo o material foi encaminhado às unidades de saúde do Brasil.

Figura 22 – *Folders* para profissionais de saúde da campanha do Programa Viva Mulher

4.2.4 *Outdoors* e intervenções urbanas

Compostos por quatro títulos diferentes, os *outdoors* realizaram uma cobertura nacional, com 375 pontos distribuídos por todas as capitais brasileiras. Nas cidades de São Paulo, Belo Horizonte, Rio de Janeiro, Porto Alegre, Salvador e Brasília, a estrutura de sustentação do *outdoor* foi envolvida por uma fita cor-de-rosa, o que correspondeu a 55% da produção total.

Figura 23 – *Outdoors* da campanha do Programa Viva Mulher

A campanha optou também por enlaçar a fita cor-de-rosa em monumentos e prédios públicos em diversas cidades brasileiras, como por exemplo, no bondinho do Pão de Açúcar no Rio de Janeiro, no elevador Lacerda em Salvador, no obelisco da Praça Sete em Belo Horizonte, na ponte do rio Guaíba em Porto Alegre e no Viaduto do Chá em São Paulo. Telejornais e veículos da mídia impressa realizaram matérias sobre tais intervenções, o que amplificou a ação.

Figura 24 – Intervenções urbanas da campanha do Programa Viva Mulher

4.2.5 Propagandas de Apoio

Segundo informações do INCA, diversas entidades da sociedade civil organizada e da iniciativa privada contribuíram com a campanha. As Lojas Americanas e a rede de hipermercados Carrefour distribuíram as fitas de pulso e volantes ao seu público. O Teresina Shopping, além desses materiais, produziu um *back light* com a imagem do cartaz da campanha.

O Serviço Social do Comércio (Sesc), o Serviço Nacional de Aprendizagem Comercial (Senac) e o Sindicato do Comércio Varejista de Produtos Farmacêuticos no Estado de São Paulo (Sincofarma-SP) produziram *banners* cujo intuito era afixar nas sedes das instituições e nas farmácias do Estado de São Paulo. Associações de cosmetologia, como Associação de Cosmetologia e Estética do Ceará, Associação Alagoana dos Profissionais da Estética, Associação de Estética, Cosmetologia e Maquiladores do Rio Grande do Sul, Associação dos Empresários de Estética do Rio Grande do Sul e Associação Paranaense de Estética e Cosmetologia também enviaram materiais a seus membros participantes.

É importante mencionar que órgãos como a Confederação Nacional da Indústria (CNI) e a Federação das Indústrias do Estado de São Paulo (Fiesp) acordaram com suas operárias um dia de término de serviço mais cedo do que o convencional da jornada de trabalho para que elas pudessem se dirigir às unidades de saúde.

Figura 25 – Ponto de distribuição de fitas cor-de-rosa da campanha do Programa Viva Mulher

4.2.6 Resultados da campanha

Nos materiais recebidos pelo INCA, existem inúmeros dados sobre a campanha de publicidade que corresponde à fase de intensificação do Programa Viva Mulher. O Ministério da Saúde realizou uma pesquisa para avaliar o *recall* desta entre os dias 3 e 4 de setembro de 1998 junto à população. Nas definições da época, os traços de identidade estabelecidos para o *corpus* foram: mulheres de 30 anos ou mais, das classes C/D/E (classificação de acordo com os critérios à época), com acesso a telefones em casa ou no trabalho. Cabe ressaltar que a divisão por classe no Brasil, hoje, mudou perante um crescimento de pessoas pertencentes à classe C. Para a categorização levou-se em consideração a posse de bens, nível educacional e a renda média.

Foram realizadas 400 entrevistas no Estado de São Paulo e 200 no Estado de Pernambuco, das quais concluiu-se que 95% das entrevistadas comentaram ter visto ou escutado a campanha de prevenção do colo de útero. Os meios mais lembrados foram televisão, 86%, e rádio, 25%, e os relatórios frisam ainda um índice de 98% das entrevistadas que declararam ter gostado ou adorado a campanha.

A meta da campanha de câncer de colo uterino era realizar 4 milhões de exames durante os meses de agosto e setembro de 1998, e o número final divulgado pelo Ministério da Saúde foi 3,1 milhões. Tal resultado, ao ser comparado com a antiga média de 550 mil divulgados anteriormente ao início da campanha, demonstrou um crescimento de 263,6% de exames papanicolau.

Segundo o Relatório novembro de 2000: *metas cumpridas e perspectivas*,

> "Isso significa que, apesar da meta estipulada não ter sido atingida, o resultado da campanha é bastante significativo. Em dois meses o Programa Nacional de Combate ao Câncer de Colo de Uterino conseguiu elevar em mais que o dobro o número de exames de papanicolau; e, como detectado na pesquisa, a comunicação teve papel fundamental."

O resultado foi satisfatório e o apoio da comunicação, principalmente as propagandas televisivas, foram fundamentais para o reconhecimento da campanha por conta do público-alvo. E apesar de o alcance ter sido para todas as mulheres, segundo o INCA, "A principal fonte de informações das mulheres ocorreu por meio do contato com o profissional de saúde (70%)." Isso porque os panfletos eram basicamente destinados aos postos de saúde, ou seja, a campanha atendeu basicamente às mulheres que já procuravam ou estavam em contato com os profissionais da área médica.

Resultados de avaliação quantitativa da Fase de Intensificação do Programa Viva Mulher:

- Período: 18 de agosto a 30 de setembro de 1998
- Localidades: todos os Estados do Brasil
- Faixa etária prioritária: 35 a 49 anos
- Número de exames citopatológicos: 3.177.740
- Número de exames citopatológicos cadastrados no Sistema de Informação do Câncer do Colo do Útero (SISCOLO): 2.150.751

- Percentual de amostras insatisfatórias: 3,4%

- Percentual de mulheres que realizaram o exame pela primeira vez na vida: 28,6%

- Mulheres com exames sem alterações: 2.090.089

- Mulheres com algum tipo de alteração: 60.662

Mesmo com ganhos e avanços da campanha nacional sobre câncer de colo de útero, não existia ainda nada similar de âmbito governamental sobre o câncer de mama. As ações para tal doença se encontravam sob a ótica das manifestações pontuais de promoção de saúde pública. Contudo, anos mais tarde, a doença foi incorporada às ações comunicativas do Ministério da Saúde e do INCA quando divulgaram a adaptação do projeto para: Viva Mulher – Programa Nacional de Controle do Câncer do Colo de Útero e de Mama.

4.3 Incorporação do câncer de mama no Programa Viva Mulher

Há apenas algumas décadas, o câncer de colo de útero matava mais mulheres que o de mama. Atualmente, deve-se considerar um quadro nacional reverso, com taxas em estabilidade para o primeiro e ascendentes para o segundo. Hoje, no Brasil, o câncer de colo de útero já apresenta um dos mais altos potenciais de prevenção e cura, chegando perto de 100% quando diagnosticado precocemente.[6]

Na análise dos materiais realizados pelo INCA a partir do início do século XXI, podem-se notar duas linhas de comunicação distintas publicadas somente como folhetos de divulgação em postos de saúde.

As Figuras 24 a 29 fazem referência à primeira abordagem; apesar da inclusão do assunto câncer de mama, o desenho escolhido para representar a feminilidade foi uma pera, em alusão ao órgão genital feminino. Na capa, a fruta se encontra em boa qualidade e com aspecto saudável; já na contracapa, a mensagem torna-se mais impactante quando a mesma aparece deteriorada e passada. Ou seja, as fases da pera representam a aquisição do

---

[6] Disponível em: http://www.inca.gov.br/conteudo_view.asp?id=140.

câncer de colo de útero no corpo da mulher. Nessa linha criativa, não existem representações para o câncer de mama ou para o seio feminino.

Apesar desses folhetos terem sido distribuídos apenas para os profissionais de saúde, e os dizeres não informarem sobre prevenção, e sim sobre o que é o Programa Viva Mulher, a metáfora da fruta podre não aparenta ser a melhor escolha para retratar uma enfermidade feminina. A pera já estragada nunca mais voltará a estar em condições normais; pensando em representar uma mulher com necessidade de tratamento, este não é o caminho mais otimista.

As cores adotadas são o amarelo, que possui uma forte capacidade para despertar a atenção do leitor e obter impulsos de adesão, e o marrom, que, embora reflita uma sensação cromática sombria, é caracteristicamente vinculado à fertilidade e à mestiçagem da população brasileira. Segundo Farina, Perez e Bastos (2006, p. 104): "Ao marrom se associa a cor da pele morena, as cabrochas. Na antiguidade a cor morena era feminina, por ser a cor da terra e, portanto, a fecundidade."

Figuras 26, 27, 28 e 29 – Frente, verso, contracapa e 3ª capa de folheto da campanha do Programa Viva Mulher já com a inclusão do Câncer de Mama

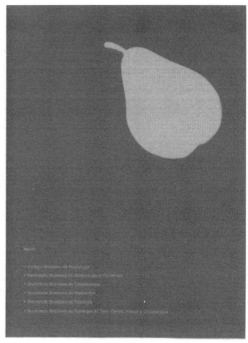

Figura 30 – Interior de folheto da campanha do Programa Viva Mulher, já com a inclusão do Câncer de Mama

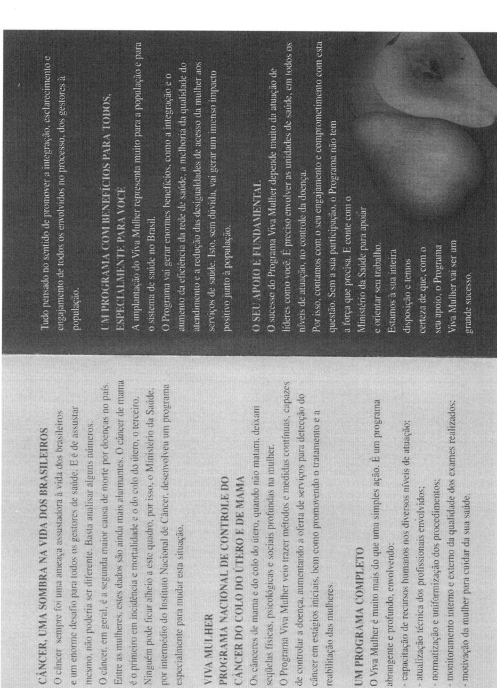

CÂNCER, UMA SOMBRA NA VIDA DOS BRASILEIROS

O câncer sempre foi uma ameaça assustadora à vida dos brasileiros e um enorme desafio para todos os gestores de saúde. E é de assustar mesmo, não poderia ser diferente. Basta analisar alguns números.

O câncer, em geral, é a segunda maior causa de morte por doenças no país. Entre as mulheres, estes dados são ainda mais alarmantes. O câncer de mama é o primeiro em incidência e mortalidade e o do colo do útero, o terceiro. Ninguém pode ficar alheio a este quadro, por isso, o Ministério da Saúde, por intermédio do Instituto Nacional de Câncer, desenvolveu um programa especialmente para mudar esta situação.

VIVA MULHER
PROGRAMA NACIONAL DE CONTROLE DO CÂNCER DO COLO DO ÚTERO E DE MAMA

Os cânceres de mama e do colo do útero, quando não matam, deixam sequelas físicas, psicológicas e sociais profundas na mulher.

O Programa Viva Mulher veio trazer métodos e medidas contínuas, capazes de controlar a doença, aumentando a oferta de serviços para detecção do câncer em estágios iniciais, bem como promovendo o tratamento e a reabilitação das mulheres.

UM PROGRAMA COMPLETO

O Viva Mulher é muito mais do que uma simples ação. É um programa abrangente e profundo, envolvendo:
- capacitação de recursos humanos nos diversos níveis de atuação;
- atualização técnica dos profissionais envolvidos;
- normatização e uniformização dos procedimentos;
- monitoramento interno e externo da qualidade dos exames realizados;
- motivação da mulher para cuidar da sua saúde.

Tudo pensado no sentido de promover a integração, esclarecimento e engajamento de todos os envolvidos no processo, dos gestores à população.

UM PROGRAMA COM BENEFÍCIOS PARA TODOS, ESPECIALMENTE PARA VOCÊ

A implantação do Viva Mulher representa muito para a população e para o sistema de saúde no Brasil.

O Programa vai gerar enormes benefícios, como a integração e o aumento da eficiência da rede de saúde, a melhoria da qualidade do atendimento e a redução das desigualdades de acesso da mulher aos serviços de saúde. Isto, sem dúvida, vai gerar um imenso impacto positivo junto à população.

O SEU APOIO É FUNDAMENTAL

O sucesso do Programa Viva Mulher depende muito da atuação de líderes como você. É preciso envolver as unidades de saúde, em todos os níveis de atuação, no controle da doença.

Por isso, contamos com o seu engajamento e comprometimento com esta questão. Sem a sua participação, o Programa não tem a força que precisa. E conte com o Ministério da Saúde para apoiar e orientar seu trabalho. Estamos à sua inteira disposição e temos certeza de que, com o seu apoio, o Programa Viva Mulher vai ser um grande sucesso.

Figuras 31 e 32 – Capa dos materiais técnicos desenvolvidos pelo Programa Viva Mulher distribuídos a profissionais dos postos de saúde

A partir do ano de 2003, os folhetos produzidos pelo INCA mudaram bastante suas características visuais. Embora ainda pertencente ao Programa Viva Mulher, o câncer de mama passou a ter sua comunicação exclusiva, deixando de estar sempre agregado às peças de câncer de colo de útero, o que já era esperado, uma vez que, infelizmente, seus dados de mortalidade passaram a ser os mais altos nos últimos anos.

Mesmo sem uma campanha nacional intensa, a publicidade dos folhetos do INCA tornou-se mais uniforme e informativa quando se iniciou a segunda abordagem da inclusão do câncer de mama nos folhetos, com explicações mais detalhadas sobre a doença, como, por exemplo, quem são as mulheres de alto risco, como são realizados os exames, quais são os tratamentos, como é feita a cirurgia e até o papel da sociedade civil organizada. Uma característica importante nesse novo material é o fato de que o autoexame das mamas é citado, mas destaca-se que a prática não substitui o exame físico realizado pelo profissional de saúde.

O padrão estabelecido nesses materiais é composto por apenas um desenho sutil de um corpo feminino jovem, muitas vezes utilizado em forma de marca d'água[7] nas cores rosa claro e vinho, e com muitos textos explicativos. A mulher simulada já quase não aparece, não está mais representada em fotografia ou em bonecos.

Em comparação ao primeiro material publicado, o folheto número 2 (páginas 104 e 105), as mudanças textuais foram significativas, com o acréscimo de dados e explicações sobre a doença. A escolha do título Consenso remete às palavras harmonia e bom senso, o que também transmite uma opção significativamente mais suave na criação das peças.

Figuras 33 e 34 – Frente e verso do último folheto produzido pela campanha do Programa Viva Mulher, no qual o câncer de mama já é retratado especificamente

---

[7] Ferramenta para desenhos computadorizados, nos quais os traços tornam-se tão suaves que é possível mesclá-los com textos.

Figura 35 – Interior do último folheto produzido pela campanha do Programa Viva Mulher, no qual o câncer de mama já é retratado especificamente

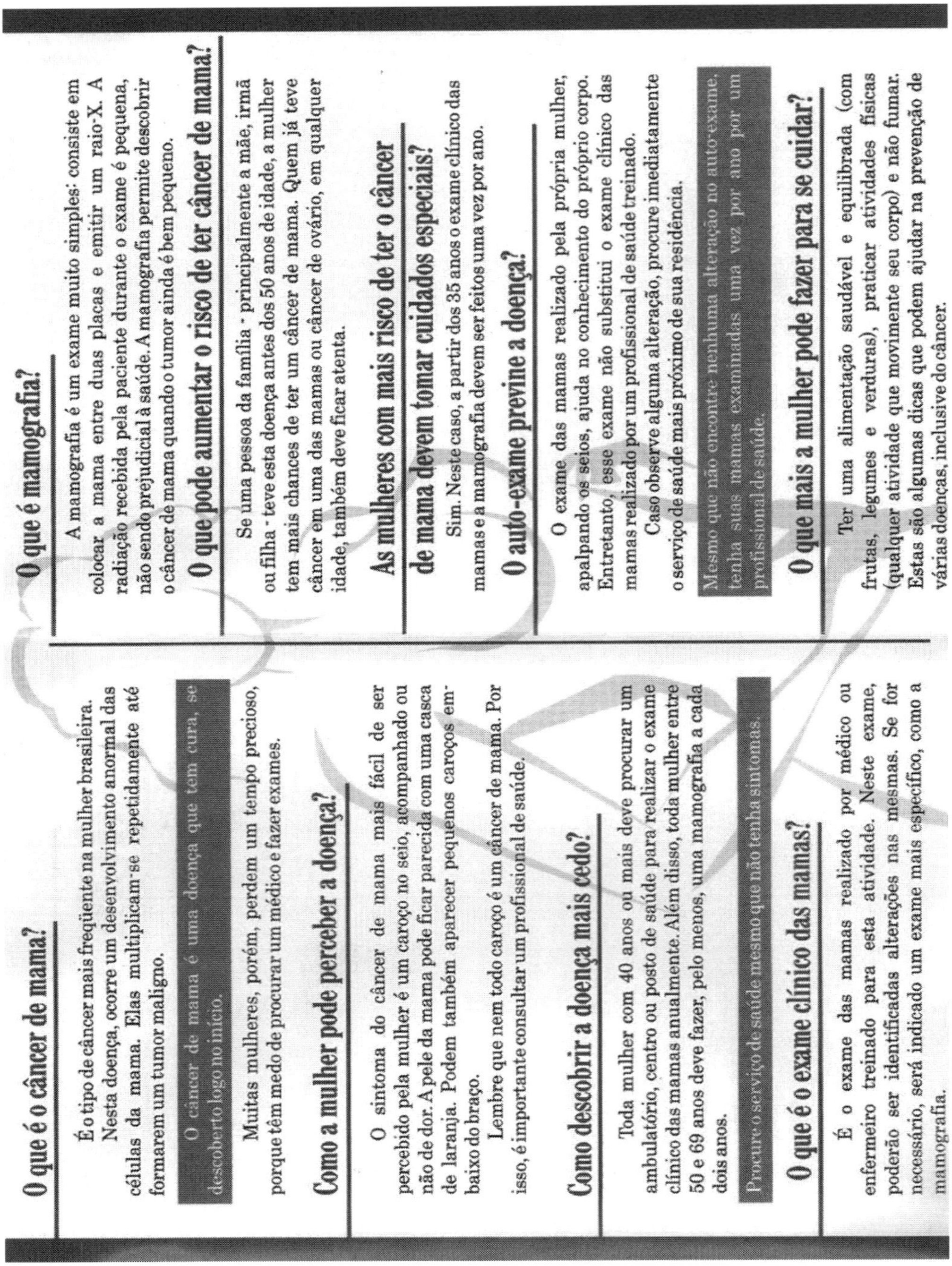

O que é o câncer de mama?

É o tipo de câncer mais frequente na mulher brasileira.

Nesta doença, ocorre um desenvolvimento anormal das células da mama. Elas multiplicam-se repetidamente até formarem um tumor maligno.

O câncer de mama é uma doença que tem cura, se descoberto logo no início.

Muitas mulheres, porém, perdem um tempo precioso, porque têm medo de procurar um médico e fazer exames.

Como a mulher pode perceber a doença?

O sintoma do câncer de mama mais fácil de ser percebido pela mulher é um caroço no seio, acompanhado ou não de dor. A pele da mama pode ficar parecida com uma casca de laranja. Podem também aparecer pequenos caroços embaixo do braço.

Lembre que nem todo caroço é um câncer de mama. Por isso, é importante consultar um profissional de saúde.

Como descobrir a doença mais cedo?

Toda mulher com 40 anos ou mais deve procurar um ambulatório, centro ou posto de saúde para realizar o exame clínico das mamas anualmente. Além disso, toda mulher entre 50 e 69 anos deve fazer, pelo menos, uma mamografia a cada dois anos.

Procure o serviço de saúde mesmo que não tenha sintomas.

O que é o exame clínico das mamas?

É o exame das mamas realizado por médico ou enfermeiro treinado para esta atividade. Neste exame, poderão ser identificadas alterações nas mesmas. Se for necessário, será indicado um exame mais específico, como a mamografia.

O que é mamografia?

A mamografia é um exame muito simples: consiste em colocar a mama entre duas placas e emitir um raio-X. A radiação recebida pela paciente durante o exame é pequena, não sendo prejudicial à saúde. A mamografia permite descobrir o câncer de mama quando o tumor ainda é bem pequeno.

O que pode aumentar o risco de ter câncer de mama?

Se uma pessoa da família - principalmente a mãe, irmã ou filha - teve esta doença antes dos 50 anos de idade, a mulher tem mais chances de ter um câncer de mama. Quem já teve câncer em uma das mamas ou câncer de ovário, em qualquer idade, também deve ficar atenta.

As mulheres com mais risco de ter o câncer de mama devem tomar cuidados especiais?

Sim. Neste caso, a partir dos 35 anos o exame clínico das mamas e a mamografia devem ser feitos uma vez por ano.

O auto-exame previne a doença?

O exame das mamas realizado pela própria mulher, apalpando os seios, ajuda no conhecimento do próprio corpo. Entretanto, esse exame não substitui o exame clínico das mamas realizado por um profissional de saúde treinado.

Caso observe alguma alteração, procure imediatamente o serviço de saúde mais próximo de sua residência.

Mesmo que não encontre nenhuma alteração no auto-exame, tenha suas mamas examinadas uma vez por ano por um profissional de saúde.

O que mais a mulher pode fazer para se cuidar?

Ter uma alimentação saudável e equilibrada (com frutas, legumes e verduras), praticar atividades físicas (qualquer atividade que movimente seu corpo) e não fumar. Estas são algumas dicas que podem ajudar na prevenção de várias doenças, inclusive do câncer.

Figura 36 – Frente do *Consenso para o Câncer de Mama*, principal material que explicita a proposta do programa nacional de controle da doença

Figura 37 – Frente do *Consenso para o Câncer de Mama*, principal material que explicita a proposta do programa nacional de controle da doença

Prevenção Primária

Embora tenham sido identificados alguns fatores ambientais ou comportamentais associados ao risco de câncer de mama, os estudos epidemiológicos não fornecem evidência conclusiva que justifique estratégias específicas de prevenção primária.

Ações de promoção à saúde dirigidas ao controle das doenças crônicas não transmissíveis (o que inclui o câncer de mama) devem focar os fatores de risco, especialmente a obesidade e o tabagismo.

Mulheres de alto-risco

São consideradas mulheres de risco elevado aquelas com:

- um ou mais parentes de primeiro grau (mãe, irmã ou filha) com câncer de mama antes de 50 anos;
- um ou mais parentes de primeiro grau (mãe, irmã ou filha) com câncer de mama bilateral ou câncer de ovário;
- história familiar de câncer de mama masculina;
- lesão mamária proliferativa com atipia comprovada em biópsia.

Não há consenso na comunidade científica internacional de que a quimioprofilaxia seja recomendada a mulheres assintomáticas, mesmo aquelas com maior risco.

> Define-se **quimioprofilaxia** como o uso de um agente quimioterápico visando à prevenção do desenvolvimento de uma doença.

Detecção Precoce

Foram recomendadas as seguintes estratégias para o rastreamento do câncer de mama em mulheres assintomáticas:

> Define-se **rastreamento** como o exame feito em pessoas assintomáticas, objetivando identificar aquelas que possam apresentar a doença em fase muito inicial, quando a intervenção precoce pode ter grande benefício. Um teste de rastreamento não tem por fim fazer diagnóstico definitivo, mas indicar pessoas que, por apresentarem exames alterados ou suspeitos, devem ser encaminhadas para investigação diagnóstica.

1- Exame Clínico das Mamas

- O exame clínico das mamas deve fazer parte do atendimento integral à mulher em todas as faixas etárias;
- Para mulheres com 40 anos ou mais o exame clínico das mamas deve ser realizado anualmente.

2- Mamografia

Mulheres entre 50 e 69 anos de idade

- Mulheres na faixa etária entre 50 e 69 anos de idade devem ser submetidas a rastreamento mamográfico pelo menos a cada dois anos;

- As mulheres submetidas ao rastreamento devem ter garantido o acesso aos exames de diagnóstico, ao tratamento e ao seguimento das alterações encontradas.

3- Mulheres com risco elevado para o câncer de mama

- Mulheres com risco elevado para o câncer de mama devem ser submetidas ao exame clínico das mamas e à mamografia anualmente, a partir dos 35 anos de idade.

Figura 38 – Interior do *Consenso para o Câncer de Mama,* principal material que explicita a proposta do programa nacional de controle da doença

Recomendações para o auto-exame

- Devem ser desenvolvidas ações de educação para a saúde que contemplem o conhecimento do corpo, incluindo o exame das mamas realizado periodicamente pela própria mulher (auto-exame);
- Deve-se destacar que o exame das mamas realizado pela própria mulher não substitui o exame físico realizado por profissional de saúde treinado para esta atividade.

Diagnóstico

- O exame clínico da mama constitui a base para a solicitação dos exames complementares;
- O exame histopatológico fornece os elementos necessários para o adequado manuseio clínico da paciente sob o ponto de vista prognóstico e terapêutico;
- Devem ser descritas as características da neoplasia (tamanho do tumor, tipo histológico segundo classificação da OMS, 2003), grau histológico (Nottinghan), grau de invasão vascular, estado linfonodal e comprometimento das margens cirúrgicas. Além disso, recomenda-se a realização de receptores de estrógenos e progesterona (imunohistoquímica) e o estadiamento do caso conforme a classificação TNM da UICC (2003).

Tratamento

- O câncer de mama deve ser abordado por uma equipe multidisciplinar visando ao tratamento integral da paciente.
- As modalidades terapêuticas disponíveis atualmente são a cirurgia e a radioterapia para o tratamento loco-regional e a hormonioterapia e a quimioterapia para o tratamento sistêmico.

Cirurgia

A indicação dos diferentes tipos de cirurgia depende do estadiamento clínico e do tipo histológico, podendo ser conservadora (ressecção de um segmento da mama com retirada dos gânglios axilares ou linfonodo sentinela) ou não conservadora (mastectomia).

São pré-requisitos para se indicar a cirurgia conservadora:
- Mamografia prévia;
- Diâmetro tumoral inferior a 3 cm, levando em consideração a proporção do tumor e da mama e a localização;
- Ausência de comprometimento da pele;
- Tumor único;
- Margens cirúrgicas livres;
- Facilidade de acesso ao sistema de saúde para o seguimento.

No carcinoma ductal *in situ* recomenda-se:
- Segmentectomia seguida de radioterapia para os tumores menores que 2 cm e margens cirúrgicas livres;
- Mastectomia simples para tumores onde não é possível a obtenção de margens cirúrgicas livres pela sua extensão ou multicentricidade;
- Mastectomia simples com linfoadenectomia de nível 1 ou dissecção do linfonodo sentinela nos casos de comedonecrose ou alto grau histológico.

Nos carcinomas invasores com:
- Diâmetro menor que 3cm recomenda-se a cirurgia conservadora com linfoadenectomia axilar completa e avaliação das margens cirúrgicas. Quando a margem cirúrgica se mostrar comprometida está recomendada a re-excisão. Nos casos de axila clinicamente não comprometida pode ser indicada a linfoadenectomia seletiva pela técnica do linfonodo sentinela, quando disponível.
- Diâmetro igual ou maior que 3cm, com ou sem quimioterapia neoadjuvante recomenda-se a mastectomia radical modificada.

Na neoplasia lobular *in situ,* que é considerada um fator de risco para o desenvolvimento de carcinoma, indica-se a biópsia excisional (diagnóstica e terapêutica). Esta condição exige vigilância especial com a realização de exame clínico semestral e mamografia anual.

Figura 39 – Verso do *Consenso para o Câncer de Mama*, principal material que explicita a proposta do programa nacional de controle da doença

Radioterapia

O objetivo é destruir as células cancerígenas remanescentes após a cirurgia ou para reduzir o tamanho do tumor antes da cirurgia.

Após cirurgia conservadora: a aplicação de radioterapia em toda a mama, independente do tipo histológico, idade, uso de quimioterapia ou hormonioterapia, mesmo que as margens cirúrgicas estejam livres. Recomenda-se o reforço no leito tumoral (boost), nas pacientes com carcinoma ductal infiltrante, principalmente naquelas com idade inferior a 50 anos.

Após mastectomia quando pelo menos um dos seguintes fatores estiver presente: tumor com diâmetro maior que 5cm; pele comprometida pelo tumor; dissecção inadequada da axila; margem comprometida (menor do que 1 cm) 4 ou mais linfonodos comprometidos;

O uso de **quimioterapia com antracíclicos** posterga o início da radioterapia por um período que não deve ser superior a 6 meses. **Não houve consenso** quanto à indicação de radioterapia quando há de 1 a 3 linfonodos comprometidos.

Quimioterapia e Hormonioterapia

Adjuvante: Segue-se ao tratamento cirúrgico e tem por objetivo tratar doença micrometastática.

Neoadjuvante: Está indicada nos tumores localmente avançados, com intuito de torná-los operáveis ou como estratégia de citorredução, com vistas ao tratamento conservador.

O tratamento hormonal de escolha na terapia neo/adjuvante é o Tamoxifeno. A quimioterapia neo/adjuvante é baseada em antracíclinas. Quando ambos os tratamentos são utilizados, devem ser utilizados de forma seqüencial.

Paliativa: O objetivo é prolongar a sobrevida e/ou melhorar a qualidade de vida.

Hormonioterapia isolada: deve ser adotada sempre que possível, por ser um tratamento eficaz e com efeitos colaterais favoráveis. Deve ser utilizada somente em tumores com receptor hormonal (estrogênio e/ou progesterona) positivo.

Indicações de quimioterapia: receptor hormonal confirmadamente negativo; doença visceral sintomática ou extensa; progressão em intervalo curto de manipulação hormonal prévia.

Abordagem Interdisciplinar

. Devem ser priorizadas ações voltadas para a melhoria da qualidade de vida das mulheres durante e após o tratamento.
. As ações interdisciplinares devem ser iniciadas a partir do diagnóstico, com continuidade durante e após o tratamento, envolvendo, sempre que possível, os familiares.
. A equipe interdisciplinar deverá ser composta por médico, enfermeiro, psicólogo, fisioterapeuta, terapeuta ocupacional, assistente social e nutricionista.

Cuidados Paliativos

. A prática clínica de cuidados paliativos segue princípios éticos baseados no respeito à autonomia do paciente, garantindo um atendimento interdisciplinar, com prioridade na comunicação e oferta de estratégias que visem ao controle dos sintomas.
. Os objetivos dos cuidados paliativos são: garantia de melhor qualidade de vida, controle de dor e demais sintomas e facilitação da desospitalização.

O Papel da Sociedade Civil Organizada

. A Sociedade Civil tem como principais desafios mobilizar parcerias e integrar-se com os serviços de saúde e com os projetos de responsabilidade social;
. Para isso propõe-se, entre outros, criar um grupo de trabalho com o objetivo de colaborar na implantação das ações de controle do câncer de mama no País, executar ações de educação continuada para profissionais de saúde, capacitar lideranças comunitárias, articular-se com instituições relacionadas à garantia dos direitos da mulher, estimular a criação de grupos de ajuda e monitorar as ações desenvolvidas.

Ministério da Saúde

A totalidade dos materiais de divulgação recolhidos, expostos e comentados nesta última etapa, já com a inclusão do câncer de mama no Programa Viva Mulher, é destinada aos profissionais de saúde, os quais se responsabilizam pela circulação das informações sobre a doença. Tais agentes locais, apesar de assumirem posições de propagandistas e educadores de plantão, não conseguem expor o assunto a todas as mulheres; infelizmente, atingem apenas aquelas que já procuraram algum posto médico.

A ausência do apoio de divulgação massiva, com a utilização de outras mídias e veículos de comunicação, torna-se algo indagador na medida em que as chances de cura para a doença são transferidas para as ações individuais da mulher, quando esta já se encontra na procura de subsídios e conhecimento sobre o assunto na ocasião de algum sinal ou apenas por curiosidade pelo tema câncer de mama. Assim sendo, a prevenção como meta para erradicação do câncer de mama deixa de ser trabalhada. O viés da saúde pública feminina acabou por ser transferido para o campo pessoal, e infelizmente não existem ainda grandes ações por parte do Estado com a finalidade de orientar a atenção das mulheres sobre a doença.

As ações não precisariam ser necessariamente em forma de grandes campanhas de comunicação, mas deveriam ser constantes e em diferentes meios de comunicação, com grandes alcances para que a prevenção do câncer de mama não fosse lembrada esporadicamente, e sim realizada rotineiramente.

A única campanha massivamente divulgada abordava a mulher a partir de uma perspectiva de memorização. Na fase de intensificação dessa campanha, os materiais de divulgação adotaram o *slogan* "Lembre alguém", com a utilização da fita cor-de-rosa, e se apoiaram na figura de uma mulher como uma médica, segura, para assim presumir uma ação efetiva da população. Porém, a lembrança é algo oposto ao conhecimento; em outras palavras, o que é transposto ao saber humano e se torna uma prática, seja pedagógica ou mecanicamente preventiva, não precisa ser recordado, pois já está pré-concebido na ação.

Toda e qualquer manifestação nos veículos de comunicação referente à saúde, e consequentemente ao câncer de mama, poderia não ocorrer apenas na decorrência da eventualidade, mas na perspectiva de transformar os elos de diálogo público em apoios educativos, os quais aproximam Estado e sociedade. Soluções temporárias apenas modificam números, dados e gráficos; pouco depois, os índices de mortalidade voltam a subir. Um exemplo é o final da campanha de intensificação do Programa Viva Mulher, quando as taxas apresentadas de exames papanicolau no SUS voltaram a diminuir.

Produção ambulatorial do SUS

Quantidade apresentada de exames citopatológicos cérvico-vaginais e microflora

Código: 12.011.01 - Período: Julho/1994 a Junho/2001

Brasil

Gráfico 1 – Produção ambulatorial de exames de colo de útero no SUS de julho/1994 a março/2001

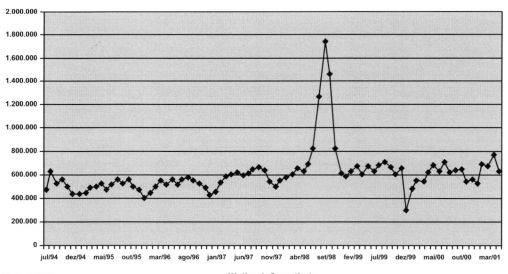

Fonte: SIA/SUS.

4.4 Algumas conclusões

O aumento da incidência do câncer de mama no Brasil é explicado, em primeiro lugar, pela diminuição de óbitos por outras epidemias nacionais e, em segundo, pelo fato de o diagnóstico ser mais preciso; hoje, a contabilização consegue demonstrar exatamente o número de índices.

Conforme aumenta a incidência, maiores são os trabalhos de pesquisa, prevenção, tratamento e gastos públicos com a doença. As ações de comunicação, por consequência, multiplicam-se igualmente em formato de peças publicitárias, matérias e anúncios que aparecem em destaque na mídia em geral.

Porém, constata-se que para obter verdadeira eficácia nas peças desenvolvidas, a criação necessita no mínimo conter subsídios potenciais de apelo e entendimento por parte das mulheres receptoras.

Neste livro foram interpretados alguns dos significados possíveis das primeiras peças de comunicação de dois institutos nacionais relevantes sobre câncer de mama, o INCA e o IBCC. Coube à pesquisa deste livro averiguar o início do material relacionado às temáticas trabalhadas e, consequentemente, à saúde da mulher. Apontaram-se os prováveis signos gerados nas mulheres nas duas campanhas, mas certamente existem ainda muitas outras ferramentas para comprovar a eficácia das mensagens criadas.

Durante a realização da pesquisa foram feitas diversas solicitações de materiais de comunicação do Ministério da Saúde sobre câncer de mama. A escolha da análise das ações tanto do IBCC quanto do INCA se deve à disparidade comunicativa e alcance midiático de ambas as iniciativas no panorama das práticas de saúde feminina no Brasil.

A aquisição do material para análise foi um dos pontos de maior dificuldade no desenvolvimento do livro. Porém, graças ao apoio do setor de comunicação e da Coordenação de Ensino e Divulgação Científica do INCA, foi possível o acesso às peças então analisadas, a montagem da cronologia de tais publicações e as visitas à sede do INCA, localizado na cidade do Rio de Janeiro.

Para uma maior compreensão do público-alvo dessas ações pontuais seria necessária uma divulgação constante nos diversos meios de comunicação. No caso do INCA, a premissa não acontece, já que as peças não possuem poder de inserção na grande mídia.

O problema das grandes campanhas de comunicação é o fato de o imediatismo do acontecimento não aprofundar o assunto, ou seja, elas não introduzem a prática do exame como característica efetiva e rotineira na vida da mulher.

Sem dúvida, como comentado no Capítulo 4, a liberação de suas operárias mais cedo em um dia de serviço para a realização dos exames é uma conquista. Mas o fato é que essas iniciativas são pontuais; ocorrem um único dia e ainda existe a necessidade de retorno da trabalhadora ao posto de saúde para a busca de resultados ou, no caso de o exame diagnosticar algum sintoma positivo, direcionar-se ao tratamento.

Os acompanhamentos nas fases da pós-campanha não estão dentro do contexto das ações esporádicas e não excluem o dever do Estado de criação e manutenção constante das políticas de saúde pública femininas.

A campanha do IBCC O Câncer de Mama no Alvo da Moda, em termos de utilização e inserção midiática, é muito mais dinâmica e abrangente. Além de constar fixamente no vestuário brasileiro, a marca da campanha, com seu símbolo em forma de um alvo azul, aparece estampada em revistas, *outdoors*, rádio, TV, entre outros veículos. Porém, a mensagem original se perde entre a adesão da classe artística, invertendo parte de sua linguagem em mais um adereço de figurino e, como a própria palavra moda designa, algo frívolo ou de passagem.

Agregar o câncer de mama à fluidez efêmera de uma campanha de moda não é de todo mau quando se pensa nas proporções culturais e psicológicas que um fenômeno marcário pode surtir na natureza de nossa sociedade, sem contar as possibilidades financeiras que tal publicidade gera ao IBCC e às suas pacientes atendidas. Apenas faz-se relevante pensar na linguagem estabelecida, pois com uma comunicação mais estruturada, as peças analisadas poderiam, além de acarretar lucro, motivar a prevenção e a absorção da informação sobre a doença.

O *slogan* divulgado pela campanha do INCA "lembre alguém", mais a adoção da fita cor-de-rosa são estratégias que recorrem ao aspecto do esquecimento. Algo necessário, mas momentâneo, que após certo tempo terá novamente que ser lembrado. Já o mote do IBCC é O Câncer de Mama no Alvo da Moda. Não traz a mínima realidade com o panorama da doença e se distancia da mulher em si.

No caso do INCA, a falta de uma difusão alinhada e contínua de publicidade deve-se, entre outros motivos, à intercessão da área política no campo da comunicação. Conforme demonstrado no histórico das atividades do instituto, além da transferência temporária de suas atividades do Ministério da Saúde para o Ministério da Educação, observou-se uma profunda mudança na linha criativa dos materiais do INCA nos anos eleitorais.

As contribuições das ações comunicativas analisadas, tanto do INCA quanto do IBCC, para a melhoria da condição social da mulher, ocorrem com certo grau de acertos, porém de maneira parcial, cada uma com suas limitações dentro da área de comunicação da época mencionada.

O INCA atinge superficialmente seu público-alvo devido à baixa intensidade de ocorrência das suas ações; suas iniciativas na área de comunicação são poucas e sutis. Por outro lado, o IBCC possui uma campanha de alto nível de abrangência e extrema exposição midiática, mas a mensagem constituída descarta aspectos importantes como a prevenção e importantes informações de apelo.

A linha criativa de ambas as instituições não trouxe o aspecto mais positivo que existe em detectar um câncer de mama a tempo: a vida. Nenhuma das opções adotadas realçou o fato de que, se as mulheres prestarem atenção aos anúncios realizados e às técnicas preventivas, o valor de troca não será a lembrança do INCA ou a moda do IBCC, mas sim a própria condição de existência diante do risco da doença mais frequente nas mulheres brasileiras, e a sua reintegração social, por consequência.

Hoje, com os recursos midiáticos, mais o alcance da comunicação de massa e os novos fluxos da sociedade em rede, estão sendo geradas novas análises, porém as campanhas continuam sendo estritamente vinculadas às empresas ou instituições ligadas à sociedade civil.

De maneira geral, a prolixidade do discurso midiático sobre as mulheres contrasta com a ausência de informações precisas e circunstanciadas. Isso indica a necessidade da realização de ações estruturantes, qualificadas e de informação sobre os agravos mais comuns à saúde da mulher, assim como da disposição de orientações para sua promoção e prevenção de doenças.

Mesmo na sociedade do conhecimento, com tanto exagero no ponto de vista da emissão, facilmente nos deparamos com carências informativas. Percebe-se que estas envolvem o indivíduo e se projetam a cada dia numa escala maior e de expansão contínua.

O primeiro e importante passo para mudar este quadro é observar a realidade do exercício da comunicação social, ou seja, analisar a divulgação pública do que é realmente relevante à comunidade. E isso poderá acontecer de maneira muito elementar e simples: refletindo sobre as mensagens, evitando descontextualizar ou ocultar alguns assuntos e, obviamente, divulgando o que de fato é informação.

REFERÊNCIAS

AAKER, David A. *Criando e administrando marcas de sucesso*. São Paulo: Futura, 1996.

ADORNO, Theodor W. A indústria cultural. In: COHN, Gabriel (Org.). *Comunicação e indústria cultural*. São Paulo: T.A. Queiroz, 1989.

ADORNO, Theodor W.; HORKHEIMER, Max. *Dialética do esclarecimento*: fragmentos filosóficos. Rio de Janeiro: Jorge Zahar, 2006.

BARBOSA, Ivan Santo (Org.). *Sentidos da publicidade*: os estudos interdisciplinares. São Paulo: Pioneira Thomson, 2005.

BEAUVOIR, Simone de. *O segundo sexo*: a experiência vivida. São Paulo: Difel, 1975.

BEAUVOIR, Simone de. *O segundo sexo*: fatos e mitos. São Paulo: Difel, 1970.

BIEDERMANN, Hans. *Dicionário ilustrado de símbolos*. São Paulo: Melhoramentos, 1993.

BOSI, Ecléa. *Cultura de massa e cultura popular*: leituras de operárias. 10. ed. Petrópolis: Vozes, 2000.

BRANDÃO, Izabel. *Corpo em revista*: olhares interdisciplinares. Maceió: Edufal - Editora da Universidade Federal de Alagoas, 2005.

BRITO, Maria Fernanda Domingos de. *A saúde da mulher na imprensa feminina*. Dissertação de Mestrado. ECA/USP, 2001.

BUITONI, Dulcília Schroeder. *Imprensa feminina*. 2. ed. São Paulo: Editora Ática, 1990.

_____. *Mulher de papel*: a representação da mulher pela imprensa feminina brasileira. São Paulo: Loyola, 1981.

_____. Imagem da mulher na imprensa brasileira: é possível sair do padrão? *Revista Brasileira da Biblioteca Mario de Andrade*. São Paulo, v. 1, nº 53, p. 135-44, 1995.

CITELLI, Adilson. *Comunicação e educação*: a linguagem em movimento. 3. ed. São Paulo: Senac, 2004.

COELHO NETTO, J. Teixeira. *Semiótica, informação e comunicação*. São Paulo: Perspectiva, 2001.

FARINA, Modesto; PEREZ, Clotilde; BASTOS, Dorinho. *Psicodinâmica das cores em comunicação*. 5. ed. São Paulo: Edgard Blücher, 2006.

FIORIN, José Luiz. *Linguagem e ideologia*. São Paulo: Ática, 1988.

HELLER, Eva. *Psicología del color*: como actúan los colores sobre los sentimientos y la razón. Barcelona: Gustavo Gili, 2004.

IASBECK, Luiz Carlos Assis. *A arte dos slogans*: As técnicas de construção das frases de efeito do texto publicitário. São Paulo: Annablume, 2002.

KING, Samantha. *Pink Ribbons, INC*: breast cancer and the politics of philanthropy. Minnesota: University of Minnesota Press, 2006.

KUSHNER, Rose. *Por que eu?* O que toda mulher deve saber sobre o câncer de seio. São Paulo: Summus, 1981.

LIPOVETSKY, Gilles. *A terceira mulher*: permanência e revolução do feminino. São Paulo: Companhia das Letras, 2000.

MATTELART, Armand; MATTELART, Michele. *História das teorias da comunicação*. São Paulo: Loyola, 1999.

MATTELART, Michele. *Mujeres e industrias culturales*. Barcelona: Editorial Anagrama, 1982.

MINISTÉRIO DA SAÚDE DO BRASIL. Secretaria de Atenção à Saúde. Instituto Nacional de Câncer. Coordenação de Prevenção e Vigilância. *Estimativa 2014*: incidência de câncer no Brasil.

MORIN, Edgar. *Cultura de massas no século XX*: neurose. 9. ed. Rio de Janeiro: Forense Universitária, 2007. v. 1.

_____. *Cultura de massas no século XX*: necrose. 9. ed. Rio de Janeiro: Forense Universitária, 2007. v. 2.

PEREZ, Clotilde. *Signos da marca: expressividade e sensorialidade*. São Paulo: Thompson Learning, 2004.

_____. A comunicação da completude: a busca do objeto de desejo. *Revista Mackenzie Educação, Arte e História da Cultura*, ano 3/4, nº 3/4, p. 109-116, 2003/2004.

PEREZ, Clotilde; BAIRON, Sérgio. *Comunicação e marketing*. São Paulo: Futura, 2002.

PERROT, Michele. *Minha história das mulheres*. São Paulo: Contexto, 2006.

PINOTTI, José Aristodemo. *Saúde da mulher*. São Paulo: Contexto, 1994.

PRIORI, Mary Del. *Mulheres no Brasil colonial*. São Paulo: Contexto, 2000.

_____. *Corpo a corpo com a mulher*. São Paulo: Contexto, 2000.

RELATÓRIO NOVEMBRO DE 2000. Viva Mulher. Programa nacional de controle do colo do útero. Ministério da Saúde. Rio de Janeiro, 2000.

RELATÓRIO VIVA MULHER. Câncer do colo do útero: informações técnico-gerenciais e ações desenvolvidas. Ministério da Saúde - Instituto Nacional de Câncer, Rio de Janeiro, 2002.

SANT'ANNA, Armando. *Propaganda*: teoria, técnica e prática. São Paulo: Thompson, 2002.

SANTAELLA, Lucia. *A percepção*: uma teoria semiótica. 2. ed. São Paulo: Experimento, 1998.

_____. *Semiótica aplicada*. São Paulo: Thompson Learning, 2004.

_____. *A teoria geral dos signos*: como as linguagens significam as coisas. São Paulo: Pioneira Thomson Learning, 2004.

SANTAELLA, Lucia; NOTH, Winfried. *Imagem*: cognição, semiótica, mídia. São Paulo: Iluminuras, 1998.

SEBESTA, Lithe; SPIEGEL, Maura. *The breast book*: an intimate and curious history. Workman Publishing Company, 2002.

SEMPRINI, Andrea. *A marca pós-moderna*: poder e fragilidade da marca na sociedade contemporânea. São Paulo: Estação das Letras, 2006.

SOMMER, Mateus. *O câncer de mama*. Rio de Janeiro: Artenova, 1976.

SONTAG, Susan. *A doença como metáfora*. 3. ed. São Paulo: Graal, 2002.

TELES, Maria Amélia de Almeida. *Breve história do feminismo no Brasil*. São Paulo: Brasiliense, 1993.

TEMPORÃO, José Gomes. *A propaganda de medicamentos e o mito da saúde*. Rio de Janeiro: Graal, 1986.

ZECCHIN, Rubia Nascimento. *A perda do seio: um trabalho psicanalítico institucional com mulheres com câncer de mama*. São Paulo: Educ, 2004.

WOLF, Naomi. *O mito da beleza*. Rio de Janeiro: Rocco, 1991.

YALOM, Marilyn. *História do seio*. Lisboa: Teorema, 1998.

Referências consultadas da Internet:

Assembleia Legislativa do Estado de São Paulo:

    http://www.al.sp.gov.br/portal/site/alesp

Informações sobre Câncer de Mama:

    http://www.cancerdemama.com.br

    http://www.cancerdemama.org.br

Instituto Brasileiro de Controle do Câncer:

    http://www.ibcc.org.br

Instituto Nacional do Câncer:

    http://www.inca.gov.br

World Economic Forum

    http:// www.weforum.org

Presidência da Republica Federativa do Brasil:

    http://www.datasus.gov.br

http://www.presidencia.gov.br

http:// www.presidencia.gov.br/spmulheres

http://www.portalsaude.gov.br

Formato	17 x 24 cm
Tipologia	Charter 11/13
Papel	Offset 90 g/m² (miolo)
	Supremo 250 g/m² (capa)
Número de páginas	136
Impressão	Alternativa Digital

Sim. Quero fazer parte do banco de dados seletivo da Editora Atlas para receber informações sobre lançamentos na(s) área(s) de meu interesse.

Nome: _____
_____ CPF: _____ Sexo: ○ Masc. ○ Fem.
Data de Nascimento: _____ Est. Civil: ○ Solteiro ○ Casado

End. Residencial: _____
Cidade: _____ CEP: _____
Tel. Res.: _____ Fax: _____ E-mail: _____

End. Comercial: _____
Cidade: _____ CEP: _____
Tel. Com.: _____ Fax: _____ E-mail: _____

De que forma tomou conhecimento deste livro?
□ Jornal   □ Revista   □ Internet   □ Rádio   □ TV   □ Mala Direta
□ Indicação de Professores   □ Outros: _____

Remeter correspondência para o endereço: ○ Residencial   ○ Comercial

Indique sua(s) área(s) de interesse:

○ Administração Geral / Management
○ Produção / Logística / Materiais
○ Recursos Humanos
○ Estratégia Empresarial
○ Marketing / Vendas / Propaganda
○ Qualidade
○ Teoria das Organizações
○ Turismo
○ Contabilidade
○ Finanças

○ Economia
○ Comércio Exterior
○ Matemática / Estatística / P. O.
○ Informática / T. I.
○ Educação
○ Línguas / Literatura
○ Sociologia / Psicologia / Antropologia
○ Comunicação Empresarial
○ Direito
○ Segurança do Trabalho

Comentários

_____
_____
_____

ISR-40-2373/83

U.P.A.C Bom Retiro

DR / São Paulo

CARTA - RESPOSTA
Não é necessário selar

O selo será pago por:

01216-999 - São Paulo - SP

REMETENTE:
ENDEREÇO: